上海高校智库
上海财经大学公共政策与治理研究院

公共政策与治理智库论丛

刘长喜 洪 磊 等著

ZHONGGUO
CAISHUI WANGLUO YUQING
NIANDU BAOGAO

中国财税网络舆情年度报告（2016）

中国财经出版传媒集团
经济科学出版社
Economic Science Press

图书在版编目（CIP）数据

中国财税网络舆情年度报告.2016/刘长喜等著.
—北京：经济科学出版社，2017.8
（公共政策与治理智库论丛）
ISBN 978-7-5141-8367-2

Ⅰ.①中… Ⅱ.①刘… Ⅲ.①财税-互联网络-舆论-研究报告-中国-2016 Ⅳ.①F812②G219.2

中国版本图书馆 CIP 数据核字（2017）第 208380 号

责任编辑：周秀霞
责任校对：王肖楠
版式设计：齐　杰
责任印制：潘泽新

中国财税网络舆情年度报告（2016）

刘长喜　洪　磊　等著
经济科学出版社出版、发行　新华书店经销
社址：北京市海淀区阜成路甲 28 号　邮编：100142
总编部电话：010-88191217　发行部电话：010-88191522
网址：www.esp.com.cn
电子邮件：esp@esp.com.cn
天猫网店：经济科学出版社旗舰店
网址：http://jjkxcbs.tmall.com
北京汉德鼎印刷有限公司印刷
三河市华玉装订厂装订
787×1092　16 开　11.75 印张　220000 字
2017 年 8 月第 1 版　2017 年 8 月第 1 次印刷
ISBN 978-7-5141-8367-2　定价：42.00 元
（图书出现印装问题，本社负责调换。电话：010-88191510）
（版权所有　侵权必究　举报电话：010-88191586
电子邮箱：dbts@esp.com.cn）

总　　序

　　成立于2013年9月的上海财经大学公共政策与治理研究院，是由上海市教委重点建设的十大高校智库之一。通过建立多学科融合、协同研究、机制创新的科研平台，围绕财政、税收、医疗、教育、土地、社会保障、行政管理、公共治理等领域，组织专家开展政策咨询和决策研究，致力于以问题为导向，破解中国经济社会发展中的难题，服务政府决策和社会需求，为政府提供公共政策与治理咨询报告，向社会传播公共政策与治理知识，在中国经济改革与社会发展中发挥"咨政启民"的"思想库"作用。

　　作为公共政策与治理研究智库，在开展政策咨询和决策研究中，沉淀和积累了大量研究成果，这些成果以决策咨询研究报告为主，也包括论文、专著、评论等多种成果形式，为使研究成果得到及时传播，让社会分享研究成果，我们将把研究成果以系列丛书方式出版。

　　现在，呈现在我们面前的"公共政策与治理智库论丛"是整个公共政策与治理研究丛书的一个系列。本论丛是由研究院专职和兼职研究人员，围绕我国经济发展、社会进步、体制改革所涉及的重大理论和实践问题，进行长期跟踪研究积累，完成的政策与治理研究报告或专著。

　　推进公共政策与治理研究成果出版是公共政策与治理研究院的一项重点工程，我们将以努力打造政策研究精品和研究院品牌为己任，提升理论和政策研究水平，引领社会，服务人民。

胡怡建

序

著名经济学家熊彼特曾经说过:"抛开各类说辞,一族之精神、文化水准、社会结构及其政策所引导出的行为——以上种种都被写入了它的财政史。人若知晓从此处倾听启示,将比从任何别处更能洞悉世界历史的雷鸣。"[1] 财税舆情研究是倾听和洞悉历史雷鸣的一个重要窗口和视角。

对我国财税舆情进行较为系统的研究,这是一个值得努力的尝试。当下关于财税舆情的研究还较少。随着财税体制改革的加速和公民纳税人意识的增强,对财税舆情的及时、准确、全面的把握和诊断显得尤为重要。在人人都是麦克风的互联网时代,任何财税部门的决策和运行都不能不考虑网民的感受、态度、立场和观点。

首先,互联网是当下民情、民意表达的重要平台,财税部门更应重视对民情、民意的研判。比如2016年的房产税、个税改革、增值税改革都是网民热议的话题。相关部门如果能有效地吸纳网民的意见,对稳步推进财税改革意义重大。

其次,中国网民对财税议题的关注既"热"又"不热"。说其"热"是从纵向比较来看,近年来网民开始越来越关注财税议题了。由于我国实行"间接税"为主的税制和自上而下的财政体制,网民通过互联网对财税议题"议政"的热情并不高。近年来一些直接关乎人民利益的财税改革让网民感到了"痛感"和"乐感",开始在网上积极发言。说其"不热"是从国际比较以及与医疗、教育领域来比较。相对于美国人对财税的热情讨论,中国财税舆情还不算热。同时与中国网民对医疗、教育等议题的热度来看,财税舆情的热度还会有较大幅度的提升空间。我们有足够的理由预判,网民会越来越关注财税议题。

最后,从地方财税部门对财税舆情事件的应对和引导情况来看,各级财税部门有较大的改进空间。一方面,大部分财税部门面对舆情事件缺乏及时应对意识和舆论引导技巧,基本是上舆情事件自生自灭;另一方面,大部分财税部门的官方微博和微信的运营状况不尽如人意,没有充分发挥应有的功能。

---

[1] Schumpeter, Joseph. [1918] 1991. *TheCrisis of the Tax State*. In The Economics and Sociology of Capitalism, ed. R. Swedberg. , 99-140. Princeton, NJ: Princeton University Press.

本书就是对财税网络舆情进行研究的成果。近年来，网民对财税的关注度也越来越高。就2016年来看，增值税改革、个税改革、个税抵扣房贷、房产税、新能源汽车骗补、科研资金管理等问题成为网民热议的焦点。相对于医疗网络舆情，财税网络舆情虽然没有形成较大的舆情危机事件，但是其热度和烈度都在短时间内迅速攀升。纵观2016年我国财税网络舆情，有这样几个特点：第一，基于利益的表达。当下网民对财税关注都是基于利益的关注，主要关注那些直接影响个人利益的财税议题。这种关注还没有上升到政治的高度。第二，基于阶层分化的表达较多。通过大数据发现，对财税相关议题的表达并不是向医疗事件那样，大部分是跨越阶层的表达，而是介于阶层的表达。如个税改革，大部分网民都是中产阶层，农民工身份的网民表达较少。第三，各省（区、市）的财税主管部分运用新媒体引导和应对舆情的能力需要大幅度提升。除港澳台外，全国31个省（区、市）的财政局仅有12个运营了官方微博。值得一提的是，国税和地税部门运用新媒体的能力大大超过财政部门。

本报告由上海财经大学公共政策与治理研究院首席专家、人文学院经济社会学系主任刘长喜副教授组建团队，开展中国财税舆情研究。在上海财经大学公共政策与治理研究院的资助下，该团队每一季度出一期《中国财税舆情研究（季刊）》，截至目前已经产出四期研究报告。该研究产生了一定的社会反响，有的省市财税部门因为《中国财税舆情研究（季刊）》中省市财税官方微信和微博排行榜的影响，而更加注重官方微信和微博的维护。该研究的部分成果还被一些媒体选用发表。本书是财税舆情团队系列研究成果的结晶。

我们期待财税舆情团队能有更多的研究成果出来，为中国财税舆情研究的推进做出更大的贡献。

胡怡建

上海财经大学公共政策与治理研究院院长、教授、博导

2017年7月2日

目 录

上篇 总报告

2016中国财税网络舆情概览 ……………………………………………… /3

中篇 典型案例分析

各执一"词"？
　　——"温州土地使用权到期"背后的政府形象危机 ……………… /15
"来也匆匆，去也匆匆"
　　——"跨境电商税改新政"颁布后的舆论场 …………………… /25
无稽之谈 Vs 有迹可循
　　——公众曲解"12万为高收入"舆情事件分析 ………………… /34
亡羊补牢，为时未晚
　　——"新能源汽车骗补"事件舆情分析 ………………………… /51
"久旱逢甘霖"
　　——"中央财政科研资金管理改革"舆情事件分析 …………… /61
以榜为鉴　明政务得失
　　——网民热议《2016中国财政透明度报告》 …………………… /73

下篇 专题研究

网络传播中的财税政策"失真"现象研究报告 ………………………… /89
"全面推行营改增"网络舆情研究报告 ………………………………… /102
"个税抵扣房贷利息"网络舆情研究报告 ……………………………… /115
"个人所得税改革"网络舆情研究报告 ………………………………… /126
缘何屡屡"死灰复燃"？
　　——"遗产税开征谣言"网络舆情研究报告 …………………… /136
全国各省（区、市）地税局官方微信运营状况分析报告 …………… /146
全国各省（区、市）国税局、财政局官方微博运营状况分析报告 … /161

参考文献 ………………………………………………………………… /172
后记 ……………………………………………………………………… /178

上 篇

总 报 告

2016中国财税网络舆情概览

财税涉及千家万户，因此常常成为社会舆论的众矢之的。我国目前拥有将近7亿网民，网络舆情已经成为社会舆论的重要组成部分。现实中的财税舆情热点事件如果无法及时地被发现和处置，就可能在网络上迅速扩大，使简单问题复杂化、局部问题全局化，从而严重影响财税部门和人民群众之间的融洽关系，有损财税机关的良好形象。如何科学应对财税网络舆情，考验财税机关和财税干部的管理能力和水平，关乎财税事业的长远发展。另外，由于财税的专业性，一旦一件财税事件成为舆情热点，意味着这一事件往往夹杂着大量公众的误解与大众传媒的误读，这直接导致财税有关部门辟谣棘手，应对困难。

为了更好地倾听财税所引发的"雷鸣"，本研究通过对财税领域舆情的及时调研与挖掘，深入分析公众对财税热点话题、关注焦点所持有的具有较强影响力、倾向性的言论和观点，从而深入把握公众的思想动态、心理情绪、愿望心声等，并形成2016年度中国财税舆情概览，为政府的有效决策提供参考。

分析财税网络舆情事件必须兼顾两点：一是该舆情事件必须具备一定的热度，二是该舆情事件还需具备一定的深度。所谓热度指的是现实中的财税事件在网络上所引起的关注度，它衡量出该财税事件的网络影响力水平，如"5月1日起全面实施营改增"事件；所谓深度指的是财税行业本身具有较高的专业知识技术门槛，若只考虑热度，难免会因网民的关注面狭窄而忽视那些行业外部反响小但对行业内部有着巨大冲击力的事件，如"中央财政科研资金改革"事件。基于以上两重考量，本研究采用上海开放大学信息安全与社会管理创新实验室数据采集系统，对中华人民共和国财政局、国家税务总局、地方税务局发布的通知和公文，以及搜狐、新华网、网易等主流媒体的新闻报道进行监测，选取60件既有热度又有深度的财税舆情事件，构建2016年全国财政舆情事件排行榜（见表1）。

表1　　　　　　　　　2016年全国财政舆情事件排行榜

序号	地区	时间	事件	来源	影响力
1	全国	5月	5月1日起全面实施营改增	新华网	★★★★★

续表

序号	地区	时间	事件	来源	影响力
2	全国	12月	曹德旺炮轰中国制造业负税重	搜狐网	★★★★★
3	河北	5月	河北试点水资源税	东方财富网	★★★★★
4	全国	9月	财政部通报五家新能源汽车骗补企业	新华网	★★★★★
5	全国	8月	"五证合一、一照一码"提升营商便利度	搜狐财经	★★★★★
6	全国	12月	1.6升及以下排量乘用车减征车辆购置税	国家税务总局	★★★★☆
7	全国	11月	12月1日起对超豪华小汽车加征10%消费税	腾讯网	★★★★☆
8	新疆	6月	伊吾地税积极开展行政事业单位个税全员全额扣缴明细申报工作	国家税务总局	★★★★☆
9	全国	3月	个人所得税改革方案已形成并提交国务院	新华网	★★★★☆
10	全国	1月	2015年个人所得税同比增长16.8%	搜狐网	★★★★☆
11	上海	11月	上财公布2016中国财政透明度报告	人民网	★★★★☆
12	全国	12月	2017年要加强对国企财税金融等改革推进	新浪财经	★★★★☆
13	东北	8月	黑吉辽等地养老金入不敷出	搜狐财经	★★★★☆
14	全国	2月	两部委出台新政:公租房免征房产税	网易新闻	★★★★☆
15	福建	7月	福建国地税:"金税三期"优化服务助减负	中国政府网	★★★★☆
16	湖南	1月	宁远国税加强"营改增"纳税人后续管理	网易新闻	★★★★☆
17	全国	2月	放心抢!个人网络红包不征税	搜狐网	★★★☆☆
18	全国	2月	财政部清理规范政府性基金	中国政府网	★★★☆☆
19	全国	12月	国家税务总局推动房地产税立法	网易财经	★★★☆☆
20	上海	12月	胡怡建谈曹德旺中国制造"税负重"言论:是税重还是费重	网易财经	★★★☆☆
21	广东	9月	深圳:遗产税征收谣言再现	人民网	★★★☆☆
22	浙江	4月	温州土地使用权到期事件	凤凰网	★★★☆☆

续表

序号	地区	时间	事件	来源	影响力
23	全国	10月	楼继伟出席G20财长和央行行长会议主席国新闻发布会	人民政府网	★★★☆☆
24	全国	2月	房地产交易环节契税、营业税优惠调整	新浪网	★★★☆☆
25	全国	1月	保监会：将尽快推出税延养老保险试点	新华网	★★★☆☆
26	全国	12月	深港通差价所得三年内免征个人所得税	财政部官网	★★★☆☆
27	全国	1月	任志强：房地产税和房价无关 政府卖地难改	腾讯网	★★★☆☆
28	上海	4月	跨境电商税改新政出台	新浪网	★★★☆☆
29	全国	10月	年所得12万为高收入	新浪财经	★★★☆☆
30	全国	10月	人民币入SDR 人民币迈向国际化	新华网	★★★☆☆
31	贵州	4月	正定县地税局挖掘潜力，房产税高涨	中新网	★★★☆☆
32	全国	12月	财政部、农业部大力推进农业补贴制度改革	新华网	★★★☆☆
33	广东	5月	广州出租房产税拟下调	网易财经	★★★☆☆
34	上海	11月	上海年底前开征个人住房房产税	新浪财经	★★☆☆☆
35	全国	3月	证券交易印花税预算较去年降33.4%	网易财经	★★☆☆☆
36	贵州	6月	云岩地税"社区大征管"模式助推房产税	搜狐网	★★☆☆☆
37	全国	8月	中央财政科研资金改革	新华社	★★☆☆☆
38	浙江	2月	绍兴重整印染产业3月底前设基金出方案	凤凰网	★★☆☆☆
39	甘肃	4月	困难企业可享房产税减免政策	和讯网	★★☆☆☆
40	全国	11月	全国推广税控发票领用网上申请	新华网	★★☆☆☆
41	全国	7月	楼继伟：义无反顾推进所得税房地产税改革	南方周末	★★☆☆☆
42	全国	12月	"死亡税率"引发税负问题思考	国家税务总局	★★☆☆☆
43	辽宁	5月	辽宁省国税局出台"1+2+3"配套实施方案	辽宁国税局	★★☆☆☆
44	全国	7月	两部委2.5亿援助河北暴雨洪涝灾害救助	民政部	★★☆☆☆

续表

序号	地区	时间	事件	来源	影响力
45	全国	1月	"十三五"税改锁定六大税种 小微企业减税有望	东方财富网	★★☆☆☆
46	江苏	5月	句容前四月征收 土地增值税增六成	光明网	★☆☆☆☆
47	上海	4月	税务部门先行先试"国际贸易单一窗口"	上海国税局	★☆☆☆☆
48	全国	7月	两部委联合开展养老服务改革试点工作	民政部	★☆☆☆☆
49	湖北	7月	湖北地税局落实小微企业所得税优惠政策	湖北地税局	★☆☆☆☆
50	全国	8月	国务院印发《关于实施支持农业转移人口市民化若干财政政策的通知》	新华社	★☆☆☆☆
51	全国	1月	今年首次油价调整搁浅 成品油消费税或上调	腾讯财经	★☆☆☆☆
52	广东	5月	税务局明确电池涂料消费税公告	国家税务总局	★☆☆☆☆
53	陕西	5月	地税"金税三期"双轨试点成功运行	启东日报	★☆☆☆☆
54	山西	6月	银税合作助力供给侧结构性改革	山西国税局	★☆☆☆☆
55	全国	1月	全国或拨300亿清理僵尸企业	中国经济网	★☆☆☆☆
56	上海	3月	上海部分酒店集团借营改增涨价	搜狐财经	★☆☆☆☆
57	福建	2月	福州地税简并企业所得税征期减轻企业负担	网易财经	★☆☆☆☆
58	全国	12月	财政部紧急摸底地方债务	财新网	★☆☆☆☆
59	上海	6月	增值税新系统揪2 000多户问题企业	网易财经	★☆☆☆☆
60	全国	1月	央行对境外人民币开征存款准备金	新华网	★☆☆☆☆

资料来源：上海开放大学信息安全与社会管理创新实验室数据采集系统。

一、时间分布：全年分布均衡，一季度略突出

总体而言，年度财税舆情事件的季度分布较为平均。2016年全国财政舆情事件排行榜中，一季度共有17件舆情事件引发网民热议，占比28.33%，这主要是因为"两会"效应和"继往开来"效应明显——3月召开的"两会"极大地引起了社会公众对财税政策的关注；而一季度作为一年之始，总结和展望性质的政策文件数量较多。上述两大原因导致排行榜中一季度舆情事件的数量偏

高。但就影响力指数而言，二季度的"5月1日起全面实施营改增"事件、四季度的"曹德旺炮轰中国制造业负税重或美国设厂"分别位列榜单第一、二位（见图1）。

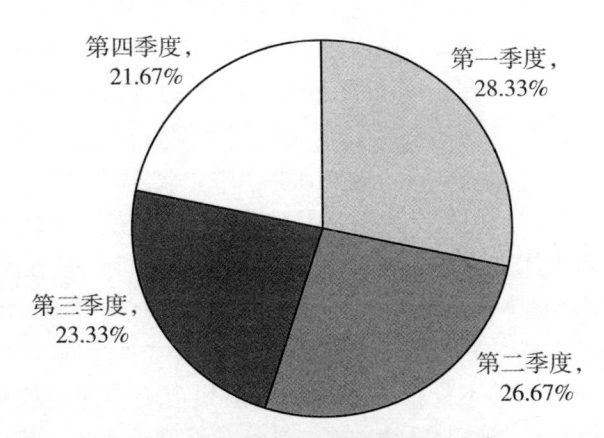

图1 2016年财税舆情事件季度分布

第一季度，28.33%
第二季度，26.67%
第三季度，23.33%
第四季度，21.67%

二、地域分布：全国梯度明显，三甲表现抢眼

纵观全年舆情，北京、上海、河北三地舆情热度傲视全国。北京作为首都，以及国家财政局和税务局的总部所在，密集出台多项调控政策，舆情热度居首顺理成章；上海则因"《2016中国财政透明度报告》颁布"、"跨境电商税改新政"与"年底开征个人住房房产税"等事件引发舆论的高度关注；河北则是作为水资源税的试点征收省份，舆情热度居高不下。

第二集团由新疆、东三省、广东和福建组成。新疆因内部地区实行"个人所得税扣缴明细申报制度"，引发关注；东三省则因"养老金入不敷出的窘境"舆情热度位居高位；广东因为深圳地区又现"遗产税谣言"和"出租房产税拟下调"等事件舆情热度高居不下；福建因为"'金税三期'优化服务助减负"，登上舆情热度榜。

其余省份舆情热度在面上大多乏善可陈，虽有"1.6升及以下排量乘用减征车辆购置税"和"12月1日起对超豪华小汽车加征10%消费税"政策颁布，引起了民众广泛的舆论关注，但因涉及全国范围，分流效应明显。具体到点上，浙江温州市的土地使用权到期事件、湖南省内多举措加强营改增管理、贵州省内的房产税征收话题、甘肃困难企业减免房产税等舆情事件引发了一定的社会关注度。

三、主体表现：政府回应不足，网民分化显著

财税舆情事件主要涉及三大主体，政府是财税舆情政策的制定者和发布者，媒体是财税舆情事件的传播者，网民是财税舆情事件的接收者和讨论者。

作为财税舆情政策的制定者和发布者，政府的舆情应对和管理能力必须过硬。令人欣喜的是，在"酒店业借'营改增'之名涨价"、"深圳遗产税开征谣言"、"年所得十二万为高收入"等舆情事件中，政府部门回应及时迅速，有力地扭转了负面舆论导向。但是突出的问题依然存在：一是在舆情回应渠道上，各地财税部门对于新媒体"双微"平台的利用尚显不足。二是在舆情回应内容上，"辟谣"有余而"后续"不足，"专业"有余而"解释"不足。面对舆情传播的政策"失真"现象，多数财税部门已经能够实现由"被迫回应"向"主动回应"的转变。但是民众需要的不仅仅如此——"温州市土地使用权到期"舆情事件中，民众要求政府给出明确的后续方案、"个人所得税改革"舆情事件中网民较为反感政府生涩的"专业性"语言，因此产生了对政策的误读。

媒体在财税舆情中既是政策传播的主导力量，又是政府部门的有力监督者。全年度各大媒体对"营改增"的重点关注有力推动了该政策的实施，"新能源汽车骗补"事件中正是由于媒体的监督报道引起了有关部门的关注。然而2016年部分财税热点事件"无反转、不新闻"的特点，也体现了媒体报道中歪曲原意、断章取义、以偏概全、偷换概念、虚假夸大、无中生有等现象的存在。新生网络自媒体的乱象、部分主流门户网站的失察、"先传谣、后辟谣"行为的泛滥呼吁媒体从业者更加规范与自律。

网民是财税舆情事件的接收者和讨论者。纵观2016年度的财税舆情，我们发现覆盖范围广、与民众利益联系密切的财税舆情事件中，网民存在着利益群体分化与素质分化两大倾向。不同利益群体分化方面，得利者歌颂赞扬政策、受损者批评讽刺政策；网民素质分化方面，既有情绪恣意宣泄、谩骂诽谤政策之徒，也不乏理性分析、批评建议的网民。但在覆盖范围有限、只涉及特定人群（尤其是企事业单位）的财税舆情事件中，网民多是一边倒的批评谩骂之声。如主要涉及企业部门的"新能源汽车骗补"事件，多数网民认为政策有利益输送之嫌，宣泄粗鄙之语的网民比比皆是，负面情绪占据了主流。

从业内业外人士的角度来分析，财税业内人士看待财税舆情事件更为深刻、理性、客观，其在舆情事件中往往扮演着信息之再诠释、澄清的角色，并往往提出有针对性的措施进一步完善政策；而业外人士由于相关财税专业知识的缺乏，更易受到媒体报道的影响，其舆论反馈相对简单、感性、主观，其在事件前期之舆论观点受媒体报道影响往往流于事件表面，无法深入了解事件背后的真相，但

至事件舆情后期也往往提出建设性的建议。

以"年所得12万为高收入"舆情事件为例。事件之舆情前期，由于部分媒体对政策的曲解，业外人员即普通民众对该事件展现出了压倒性批判的态度，其舆论关注点集中于"12万"这一客观标准，并没有深入分析此事件的真实性，可以说是被媒体报道牵着走，但到舆情事件后期，随着事件相关信息的完善与业内人员的权威解读，其情感由感性回归理性，进而针对个税改革提出例如"个税起征点需根据经济发展现实状况进行调整"等具有建设性意义的建议。而业内人员在媒体大肆传播曲解信息之初，并没有作出回应，随后运用专业知识对此一曲解信息进行再诠释与澄清，及时还原事件真相，进而提出例如"个税税率级距需适当提高"、"个税缴纳可实现由个人为单位缴纳向以家庭为单位的转变"等具有针对性的专业意见。

四、官媒运营：全国总体不佳，上海独占鳌头

"两微"（微博和微信）的出现为政府实现财税政策的靶向传递提供了可能。伴随着新媒体的发展，政府传统的宣传方式滞后于舆论的飞速传播，在舆论环境中政府处于被动的境地。因此，新媒体时代政府要跟上时代的步伐。日前，由新浪微博发布的《2016年微博用户发展报告》显示，截至2016年9月30日，微博月活跃人数已达到2.97亿，较2015年同期相比增长34%。由腾讯企鹅智酷发布的2016年《微信数据化报告》指出，截止到2016年2月，微信的月活跃用户达到6.5亿。由此可见，微博和微信两大平台凝聚了如此庞大的用户群体，用好"两微"平台有助于政府进行积极发声和舆情引导，实现财税政策的点对点无缝对接。

表2　　　　　全国各省（区、市）财税官微运营排行榜三甲

序号	国税局微博	财政局微博	地税局微信
1	上海"@上海税务"	天津"@天津财政"	上海"@上海税务"
2	河北"@河北省国家税务局"	安徽"@安徽省财政厅"	辽宁"@辽宁地税"
3	宁夏"@宁夏国税"	北京"@北京财政"	北京"@北京地税"

注："@上海税务"官方认证为上海市国税局和地税局官方微博，"@天津财政"官方认证为天津市地税局和财政局官方微博。

但是，从2016年度全国各省（区、市）国税局、财政局官方微博排行榜和全国各省（区、市）地税局官方微信运营状况来看，政府在"两微"上的运营情况不容乐观。2016年度国税局官方微博排行榜显示，仅上海和河北两省的国

税局官方微博得分及格，而财政局官方微博方面仅天津及格。除此之外，各省（区、市）地税局官方微信运营状况的数据显示，仅上海及格。尽管其余省份国税局、财政局和地税局均开通微博和微信作为政务政情的政策宣传和舆论引导渠道，但是整体效果并不理想，很多省份的微博、微信并没有发挥应有的功能，财税政策的无缝对接更是难以实现。在此情况下，形形色色的荒诞谣言甚嚣尘上，导致大众陷入恐慌之中，引发社会动荡，危害社会和谐。如"遗产税开征"、"年所得十二万为高收入"等谣言引发广泛舆论热议，在此过程中政府未能及时借助"两微"平台来积极发声和自我澄清。

五、总结与展望

不同于医疗、教育领域的舆情，财税政策的专业性制约了广大民众对于相关舆情的参与热情。在文献资料搜集过程中，我们发现主流门户网站上阅读量与评论量均只有个位数的现象屡屡存在；而在财税部门的官方微博中，评论量、转发量、点赞量都尴尬挂零的情况比比皆是。然而在2016年度，依然有不少财税事件得到了社会的普遍关注，引发了社会的深刻反思。

2016年是政府大刀阔斧地进行财税改革的一年。这一年的改革无论是全局性的"营业税改增值税"、"个人所得税改革"，还是"车辆购置税改革"、"跨境电商税改新政"、"房产税改革"等单一行业的改革，都引发了民众的高度关注，提升了民众的财税意识。

2016年是政府在财政收支两端双管齐下的一年。在财政收入方面，"个税抵扣房贷利息"、"河北试点水资源税"、"12月1日起对超豪华小汽车加征10%消费税"都是从社会全局出发，力求促进社会公平与环境发展等公众性议题；在财政支出方面，"财政部、农业部大力推进农业补贴制度改革"、"两部委2.5亿援助河北省暴雨洪涝灾害救助工作"、"中央财政科研资金管理改革"都是从便民利民的角度出发，加大补贴力度，真正实现财为民所用。

2016年也是外部监督有力的一年。无论是针对个别地方政府与企业的监督，如"温州市土地使用权到期"、"新能源汽车骗补"，还是着眼于中国全局的监督，如"上财发布《2016中国财政透明度报告》"、"曹德旺炮轰中国制造业负税重"，都体现出媒体、公众、第三方机构作为第三只眼，发挥了外部制约的作用，使权力的行使暴露在阳光下。

立足当下，展望未来。2017年政府既要继续推行财税改革，又要积极发声，结合热点引导舆论发展；既要重视财税舆情的热点地区，又要鼓励全国各地民众参与到财税政策的讨论中去；既要建立及时的应对处理机制，第一时间进行回应和澄清，又要向民众普及财税知识，提高民众的专业素养，实现网民的理性思考与讨论；既要规范媒体和意见领袖在传播财税政策过程的行为，又要主动接受媒体、公众的监督与制约。

2017年，政府、媒体、民众若能各居其位、协同沟通，定会携手促进财税舆情朝着理性、有序、健康的方向发展，我们希望迎来政策引领舆情、舆情助推政策的新局面。

（作者：洪 磊 刘长喜）

中 篇

典型案例分析

各执一"词"?
——"温州土地使用权到期"背后的政府形象危机

导读：土地使用权到期问题涉及千家万户的利益，因此政府在应对该问题的时候要审慎处理，否则会造成政府形象下滑。本文通过对引发舆论热议的"温州土地使用权到期"事件进行分析，力图透视该事件背后政府的形象危机，并尝试给出建议以供有关部门参考。

一、前言

土地使用权到期续费问题是2016年财税舆情版图不可忽视的一大热点问题。当前，城镇土地使用制度改革已经走过了三十多年的历程，对中国经济建设的发展功勋卓著，但对一些遗留的任务，也需要在后续改革中尽快弥补与完善。回应群众关切，化解群众焦虑，妥善处理因房地产问题所导致的社会公平问题，宜早不宜迟。稍有不慎，就会导致舆情失控，损害政府形象，不利于社会和谐。"温州土地使用权到期"就是该类事件的最好例证。

2016年4月12日，根据《温州日报》报道，温州市一位王姓市民发现只有20年使用期限的土地使用证到期，温州市政府的工作人员表示，市民需要缴纳一笔高昂的费用来延长土地的使用权限。一时间，关于温州市土地使用权到期需高价续费的话题引起了舆情的发酵。随后，该舆情事件在新浪微博和百度新闻上进一步引发热议。4月18日，温州市国土资源部相关负责人否定了之前给出的说法，表示土地使用权续期需缴几十万元系误读。4月20日国土资源部发布微博表示将和浙江省国土资源厅组成联合调研组，赴浙江省温州市调研指导住宅土地使用权20年到期的延长问题。4月22日之后，该事件逐渐淡出公众视野，但是业内和学界就"温州一小步、全国一大步"这一话题展开进一步的讨论。

二、舆情发展生命周期

该事件的舆情发展生命周期主要有以下四个阶段，分别是开始、发展、高潮、消退阶段。在开始阶段，4月12日，《温州日报》率先就温州市土地使用权到期的问题进行了报道，初步引起了舆论的反应，温州市土地使用权到期的问题逐渐进入公众视野；4月13日到4月17日，由于各大门户网站纷纷转载发声，温州市土地使用权到期的舆论热潮开始酝酿，舆情事件得到进一步的发展；4月18日至4月21日，温州市政府强硬改口，为舆情事件火上浇油，舆论关注在这一阶段达到顶峰，国土资源部与浙江省国土资源厅赶赴温州市进行调研指导温州市土地使用权问题，对此次舆情事件做出表态，该舆情事件的搜索关注程度有所下降，但仍稳定在比较高的水平，这一阶段为该舆情事件的高潮阶段；4月22日之后到现在，针对温州市土地使用权到期问题的解决方案仍旧悬而未决，呈现出模糊状态，公众舆论逐渐平息，舆论热度渐渐消散，此次舆情事件逐步走向尾声。

（一）开始：《温州日报》率先曝光，土地使用权问题初步浮出水面

4月12日6点，《温州日报》报道了温州市土地使用权到期需高价续期这一事件，这是在互联网上可以搜索到的最早曝光"温州市土地使用权到期需高价续期"事件的信息①，但是评论数为0。4月12日8点，《温州都市报》官方微博"@温州都市报"发布了一条配图微博曝光了此事，微博中提及"如要续期，得花费近20万元重新购买土地使用权"的信息②，但是该条微博并没有获得大量评论，转发数也寥寥无几。

（二）发展：主流媒体纷纷转发，舆论热潮开始酝酿

4月13日至4月17日，腾讯网、新浪网、凤凰网、新华网等各大门户网站纷纷转载了关于此次事件的报道，报道中出现了以"三分之一房价"、"续期收费"等字眼③，并援引了温州市国土资源局土地利用管理处处长张少清对温州市政府对土地使用权收取高昂费用续期事件的解读，张少清表示"在国家没有

---

① 刘宏宇、彭天翔：《土地使用权70年，你真的懂么》，http://www.wzrb.com.cn/article695573show.html，采集日期：2016年6月1日。
② 新浪微博官方认证温州都市报4月12日发布微博，《购房仅三年却发现土地证过期了》，http://weibo.com/wzdsbwzdsb?refer_flag=1005055015_，采集日期：2016年6月1日。
③ 杨亚东：《土地使用权期亟待细则 温州六百套房产明年期满》，http://news.qq.com/a/20160413/059306.htm，采集日期：2016年6月1日。
赵家明：《温州部分土地使用权到期需花三分之一房价续地》，http://news.sina.com.cn/c/nd/2016-04-15/doc-ifxriqqx2526851.shtml，采集日期：2016年6月1日。
谭红朝：《温州一批土地使用权到期需花1/3甚至一半房价续期》，http://finance.ifeng.com/a/20160415/14325806_0.shtml，采集日期：2016年6月1日。
唐华：《土地使用权到期究竟该怎么续期》，http://news.xinhuanet.com/fortune/2016-04/16/c_1118640336.htm，采集日期：2016年6月1日。

具体实施细则的情况下,目前基层国土部门只能参照国有土地出让的做法,先由第三方评估机构评估土地价格,根据单位地价或折算出楼面地价,算出总的土地出让金,重新签订国有土地使用权出让合同"①。张少清的发言折射出温州市政府对土地使用权必须有偿高价续期的态度,刺痛了公众的敏感神经,舆论热潮开始酝酿。

在大量的微博评论中,充斥着"国家土地政策的错误却要百姓再花钱买单"②、"剥削阶级的顶层设计"③、"商品房买卖合同应改为租用合同"④、"多少人花了一辈子才买一套房,如果到年限又交钱那是想逼死老百姓"⑤等等激烈反对温州市政府对土地使用权续期进行高价收费的话语,表现出公众对此次事件的极大愤慨,公众对舆情事件的关注度也逐渐上升。

(三)高潮:温州市政府强硬改口,舆论争议走向高潮

4月18日,温州市国土局相关负责人否定了之前给出的土地使用权续期需要高额续费的解释,明确表示,土地使用权续期需缴几十万元是误读,目前温州市尚未制定该类政策,也从未办理过此类续期手续。⑥此次否定将责任推向公众和媒体,认为土地使用权续期需缴几十万元是公众和媒体自行计算得出的,温州市国土局的工作人员只是提出了自己的看法,不是最终的方案,这种强硬变更说辞的方式反而加剧了舆论热潮,据百度指数显示,4月18日,互联网用户对关键词"温州市土地使用权到期"的搜索关注程度达到了巅峰,为2 703。⑦

4月20日8时许,国土资源部官方微博发布消息称:4月20日,国土资源部、浙江省国土资源厅组成联合调研组赴浙江省温州市调研指导住宅土地使用权20年到期的延长问题。4月21日,温州市国土资源局局长陈景宝接受中新网记者采访时表示,目前在续期方案制定方面尚无实质性进展,但国土资源部调研组已抵达温州市开始调研。随着政府开展针对温州市土地使用权到期问题的行动,19日、20日、21日此次舆情事件的搜索关注程度有一定的下降,但仍维持在比较高的水平,分别是1 104、1 081、1 359。⑧

---

① 赵家明:《温州部分土地使用权到期需花三分之一房价续地》,http://news.sina.com.cn/c/nd/2016-04-15/doc-ifxriqqx2526851.shtml,采集日期:2016年6月1日。
② 用户"-相濡-以沫",2016年4月16日,采集日期:2016年6月1日。
③ 用户"斑点菲菲",2016年4月16日,采集日期:2016年6月1日。
④ 用户5645362050,2016年4月17日,采集日期:2016年6月1日。
⑤ 用户"顺德小城大人",2016年4月16日,采集日期:2016年6月1日。
⑥《温州市土地证续期难题引热议使用权续期需缴几十万元是误读》,http://zjnews.zjol.com.cn/system/2016/04/19/021115655.shtml,采集日期:2016年6月1日。
⑦⑧ 百度指数中的整体趋势指数。

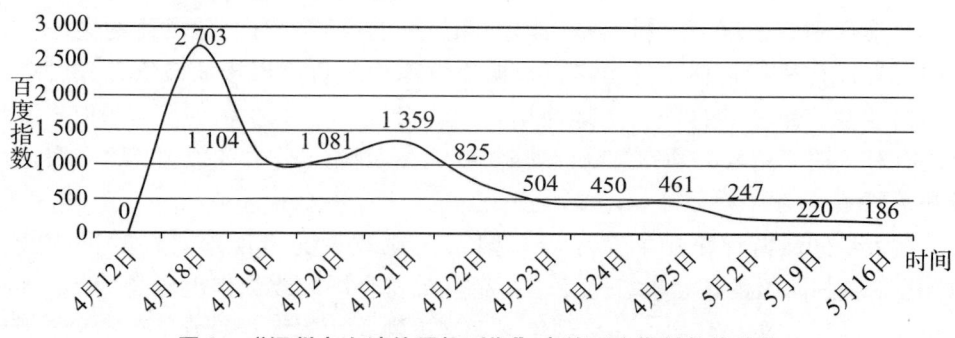

图1 "温州市土地使用权到期"事件百度指数整体趋势

(四)尾声:解决方案悬而未决,舆论热度逐渐消散

4月22日起,温州市土地使用权续期事件进入尾声阶段。政府方面,截至目前为止,在话语层面温州市政府并未对此次舆情事件再度发声,而在行动层面,也没有针对温州市土地使用权续期问题拿出一套解决方案;在第三方调查方面,针对土地使用权续期问题,国土资源部联合浙江省国土资源厅仍处于调研和讨论中,土地使用权续期问题尚未盖棺定论;在公众层面,几乎没有对此次舆情事件的后续评论,公众的关注热度也逐渐消退。就目前来看,还存在一些关于温州市土地使用权到期问题的零零散散的讨论,但是整体上此次舆情事件逐步退出公众视野。

三、舆情交锋点:各执一"词"——此自动非彼自动

温州市土地使用权到期问题之所以引起轩然大波,主要是因为温州市政府和网民对"自动续期"的概念解读上存在偏差。就目前的舆论热议点来看,主要有两种冲突观点,温州市政府赞同续期收费,而广大网民反对续期收费,坚持无偿续期。双方对"自动续期"存在相反的理解,正所谓"此自动非彼自动"。

温州市政府和广大网民对《物权法》中提到的"自动续期"一词存在相反的理解,推动舆论热议走向了高潮。然而作为公众中的精英群体的专家学者们,对此次舆情事件也存在很多争议,分别支撑了温州市政府和网民的观点,他们的探讨具有较强的参考和建设性意义。

(一)法理层面:没有实践层次上的法律规定导致解读困难

此次舆情事件暴露出来的住宅建设用地的使用权到期问题,由来已久,可以追溯到2007年3月通过的《物权法》。当时制定出来的《物权法》对住宅建设用地的使用权到期问题没有实践层次上的法律规定,只是简单解释为

"自动续期"①，而没有对续期是否需要收费、收费金额如何规定等实际问题进行详细解释和规定，模棱两可的表述导致不同群体对法律的理解存在很大的分歧。

在这场舆论热潮中，温州市政府始终坚持续期必须收费的态度。首先，4月12日爆出的温州市政府工作人员告知温州市王姓市民"如要续期，得花费近20万元重新购买土地使用权"②的信息；其次，在之后记者采访中，温州市国土资源局土地利用管理处处长张少清表示"在国家没有具体实施细则的情况下，目前我们基层国土部门只能参照国有土地出让的做法，先由第三方评估机构评估土地价格，根据单位地价或折算出楼面地价，算出总的土地出让金，重新签订国有土地使用权出让合同"③。还有报道指出，对于是否可能免费续期，温州市工作人员明确表示"不可能"，并声称"此举会造成国有资产的流失"④。

部分专家学者支持温州市政府续期收费的态度。在一些新闻采访中，一些专家学者表示，就目前来看，国家确实没有出台土地使用权到期可以免费续期的相关规定，一些专家还表示"土地使用权期限届满后收费与立法本意更加接近"⑤。曾参与过《物权法》起草工作的中国人民大学法学院教授高圣平指出，"温州市这批20年使用权的老房子具有特殊性，不过，补缴土地出让金是合理的"⑥。

（二）认知层面：虽土地国有，但怎能与民争利

住宅土地使用权续费问题关系到全国几乎每家每户的切身利益，因此在本次舆情事件中，网友表现出了比较高的活跃度。就目前网友的意见来看，对温州市土地使用权到期需高价续期事件一致表示反对。在网民的评论中，"现在说土地是国家的，那人民不是国家的主人吗？用自己的地还要交费"⑦、"那是当地政府的失误"⑧、"物权法规定的很清楚，'届满，自动续期'，当然指的是免费自动续

---

① 《物权法》第一百四十九条规定："住宅建设用地使用权期间届满的，自动续期"。
② 刘宏宇、彭天翔：《土地使用权70年，你真的懂么》，http：//www.wzrb.com.cn/article695573show.html，采集日期：2016年6月1日。
③ 赵家明：《温州部分土地使用权到期需花三分之一房价续地》，http：//news.sina.com.cn/c/nd/2016-04-15/doc-ifxriqqx2526851.shtml，采集日期：2016年6月1日。
④ 张倩：《温州土地年限到期事件继续发酵当地国土局：不会免费续期》，http：//yuanchuang.caijing.com.cn/2016/0420/4108405.shtml，采集日期：2016年6月1日。
⑤ 中国人民大学民商事法律科学研究中心副研究员熊丙万认为，目前学术界的观点相对比较统一，当初制定《物权法》的时候，有意立法回避，但是土地使用权期限届满后收费与立法本意更加接近。
⑥ 《国土部完成宅地续期调研物权法学者表态到期收费合理》，http：//finance.sina.com.cn/china/gncj/2016-05-20/doc-ifxsktkr5783280.shtml，采集日期：2016年6月1日。
⑦ 用户5514988986，2016年4月16日，采集日期：2016年6月1日。
⑧ 天使菜鸟大叔，2016年4月20日，采集日期：2016年6月1日。

期。要收费，就不叫自动续期了"①，这些观点得到了很多网友的赞同，获得的点赞数比较多。从上述评论可以看出，网民对此次舆情事件持批判态度，认为土地使用权续期应当免费自动续期，这是网民对"自动续期"的解读。

针对温州市土地使用权续期需要高价收费的问题，部分专家站在公众的角度，给出了一些解释。北京大学法学院教授王成对"自动续期"的解释是，"无条件的续期，不需要再补缴费用，也不需要再办理相关手续。"武汉大学法学院副教授杨巍②也认为，"自动续期"并没有规定有偿还是无偿，尚属于规定不明的状态，但是主流意见一般认为，"或者无偿，或者象征性收取有关费用"。

综合上述意见可以看出，网友和部分专家一致认为温州市政府曲解了《物权法》提出的自动续期③，自动续期不代表续期是需要收费的。

（三）舆情交锋：擅自解释法律，行政权践踏立法权？

此次舆情事件中，部分公众和专家聚焦于温州市政府在处理土地使用权续期问题上的越权行为。不少专家纷纷指责温州市政府在国家层面尚未明确给出法律解释的时候，擅自解释《物权法》中"自动续期"的行为，这不仅仅是温州市政府法律意识淡薄的表现，更是行政权对立法权的践踏。

2016年4月19日出版的《法制日报》痛批温州市政府法治意识匮乏的问题，指出"温州市政府不懂宪法和立法法。在我国，土地使用权、房屋使用权是公民依照宪法、物权法规定享有的基本权利，涉及扩大、减少或限缩公民基本权利的法律，必须由全国人大制定。他们不懂行政法。依法行政是指政府的一切行为依法而为，受法之约束，在行政过程中须遵循依法行政、尊重和保护人权、越权无效、正当法律程序等基本原则。他们不懂物权法。物权法固然没有规定土地使用权到期后应该如何续期，但法律同样也没有规定到期后必须收费。他们不懂法律的道德性。法律是道德的体现，人民是国家的主人，从社会主义地权道德角度看，土地公有制的最终目的是让公民享受土地带来的利益，而不是一次次地向公民收取土地出让金"④。一系列的"不懂法"犀利地批判了温州市政府的越权行为，并表示温州市政府对土地使用权续期收取高昂费用的行为实际上是与民争利，没有做到依法行政。

在其他一些主流媒体的报道中，一些专家提出，从法律制定来看，地方政府

---

① 微博用户@YK201408，2016年4月18日，采集日期：2016年6月1日。
② 《按物权法规定或可无偿续期》，http://edu.gmw.cn/newspaper/2016-04/23/content_111964593.htm，采集日期：2016年6月1日。
③ 新浪博客《住房产权70年到期，民众期待什么》。
④ 陈东升：《温州国土局不懂的并非只有物权法》，http://epaper.legaldaily.com.cn/fzrb/content/20160420/Articel07002GN.htm，采集日期：2016年6月1日。

无权制定土地使用权自动续期的标准。北京大学法学院教授认为，如果对物权法的理解有分歧，"只能按照立法法所规定的法律解释的权限和程序来解决，由全国人大进行立法的解释"①。北京航空航天大学法学教授刘保玉②也认为，地方政府要求居民补交土地出让金的行为会减损公民的权利，增加自然人的义务，这一规范应该由更上位的法律法规完成，而不是由地方规章来解决。中国政法大学终身教授江平表示"关于《物权法》所涉及的'自动续期'是个重大问题，在全国范围内出台统一的法律解释已经是迫在眉睫了，这个问题不能由地方政府来解释"③。因此，温州市政府越过国家立法机关直接对"自动续期"进行法律解释，这种行政权凌驾于立法权的越权行为严重挑战了国家立法的权威。

四、反思与建议

回顾此次舆情事件，我们发现，此次舆情事件引发网民的激烈讨论和热烈关注，与温州市政府的越位和缺位行为有很大关系。具体来看，温州市土地使用权事件暴露出温州市政府明显存在以下几方面的不足：一方面，依法行政的意识匮乏，表现在温州市政府擅自解释《物权法》中的法律条文，这种行政权超越立法权的政府行为，严重背离了依法行政的基本要求；另一方面，舆论应对能力不足，温州市政府在此次舆情事件中没有及时发声，积极引导舆论方向的转变，舆情发展过程中几乎看不到温州市政府公关的身影；另外，温州市政府缺乏与公众的沟通，在涉及千家万户切身利益的住房问题上，温州市政府没有事先进行调研获取民意的情况下，进行了愚蠢的拍脑袋决策。在此次舆情事件中，这些不足是温州市政府被极力攻讦的地方，也引起了广大网友对温州市政府的不满情绪，引爆了舆论热潮。在此次事件中，温州市政府暴露出来的不足为日后其他地方政府处理舆情事件提供了学习和参考的案例。正所谓"前事不忘，后事之师"，地方政府应当吸取温州市政府处理温州市土地使用权到期事件的经验教训，在处理地方土地使用权到期问题上要积极回应群众关切，化解群众焦虑，妥善处理好与民生息息相关的土地使用权问题。

（一）加强依法行政意识，规范政府自身行为

随着现代法治社会和社会主义民主进程的不断进步，地方政府忽视民生需

---

① 《按物权法规定或可无偿续期》，http://edu.gmw.cn/newspaper/2016-04/23/content_111964593.htm，采集日期：2016年6月1日。
② 《专家称住宅用地到期无需补交费用 温州：不可能》，http://news.qq.com/a/20160421/000975.htm?pgv_ref=aio2015&ptlang=2052，采集日期：2016年6月1日。
③ 张倩：《温州土地年限到期事件继续发酵 当地国土局：不会免费续期》，http://yuanchuang.caijing.com.cn/2016/0420/4108405.shtml，采集日期：2016年6月1日。

求、违背法律规定的种种越权行为一直为大众所诟病，并在舆论场中不断激起波澜。温州市政府在此次舆情事件表现出的越权行为警示了地方政府加强依法行政意识的重要性。政府作为行政机关，一举一动都受到公众的监督。在此次舆情事件中，温州市政府作为国家的行政机关，在国家层面的法律没有明确解释的时候，按照地方政府的意志自行解释法律条文，这种越权行政的行为表现出温州市政府依法行政意识匮乏的一面，不仅刺痛了公众的敏感神经，也激起了强烈的舆论争议。就目前来看，尽管国家制定了覆盖到社会生活的方方面面的法律规定，但是法律规定在落实和执行过程中往往走偏，这与地方政府缺乏依法行政意识、自身行为不规范有密切关系，由此导致的"有法不依"、"执法不严"等越位、错位问题屡屡见诸报端，极大地降低了政府的公信力，也导致政府权威形象不断下滑。

作为行政机关，地方政府负责管理本地的各类行政事务，是与公众面对面接触、维护公众权益的机关，"有法必依"、"执法必严"是地方政府处理和应对行政事务的重要原则，也是保障公众权益不被侵害的基本要求。因此，在现实生活中，政府要加强依法行政意识，牢固树立法律至上的观念，不断提高依法决策、依法管理、依法办事的能力和水平，努力形成尊重法律、崇尚法律、遵守法律的良好氛围。与此同时，政府要善于运用法律手段管理经济、文化和社会事务，依法妥善处理各种社会矛盾，遵循法律规定，是政府处理政务的基本要求。另外，政府在执法过程中，也要不断加强行政执法监督力度，接受公众和监督部门的监督，彻底解决政府管理职能"越位"、"缺位"、"错位"问题，坚决肃清以权代法、以权压法、以权废法的现象，规范政府自身的行政行为，将政府的权力关进法律和监督的笼子里，实现权力的阳光行使。

（二）增强舆情应对能力，努力实现自我澄清

温州市政府没有清楚地认识到在互联网时代，应该如何正确应对和处理舆情事件。在舆情事件首次被曝光的时候，温州市政府没有及时站出来进行解释和应对，错过了公关的黄金时间，任凭舆论发展到高潮。在 4 月 20 日温州市政府被推上舆论焦点时，温州市政府依旧态度强硬，改口称"使用权续期需缴几十万元为误读"，认为是公众和媒体理解有误，可是并没有给出明确的解决方案，只是模棱两可地表示解决方案仍在讨论，试图通过拖字诀来使舆情风暴消散，反倒激怒网民，导致温州市土地使用权到期事件的舆情关注度达到巅峰。在温州市土地使用权到期舆情事件的发展过程中，能明显看出温州市政府缺乏应对和处理舆情事件的能力，甚至采用地方政府一贯的态度——拖延、敷衍的态度来处理舆情事件，这不仅不利于政府引导舆论的风向朝向有利于政府的方向转变，更会导致政府对舆情事件真相的澄清不被网民接受，网络谣言不断滋生，网民对政府的信任

出现危机，政府的形象和公信力下滑。

在互联网时代，信息借助网络技术能够实现飞速传播，政府的公关策略也需要与时俱进，借助微博、微信、新闻客户端来掌控舆论场中的话语权。作为政府机关，在舆情事件发生时第一时间发声，对舆情事件予以权威说明，澄清政府在处理此次事件中的态度和处理方案，可以尽快扭转舆论趋势，对网民获知事件真相、政府机关获取民众理解有重要的推动作用，而拖延和敷衍是政府舆情应对的大敌，地方政府要从态度上实现转变，积极处理和应对突发的舆情事件，避免事态朝着不利于政府的方向进一步恶化。地方政府要高度重视政务舆情应对工作，切实增强舆情意识，建立健全政务舆情的监测、研判、回应机制，落实回应责任，避免反应迟缓、被动应对现象，为不明真相的广大网民及时澄清事件真相，给出官方权威的解释和解决方案，展现出政府积极推动舆情事件解决的良好态度和形象，从而引导舆情风向转向有利于政府的一面，维护政府的光辉形象。

（三）加强双向沟通交流，真正落实为民服务

舆情背后是民意。是否建立健全畅达的沟通机制决定了政府能否及时倾听民声、获悉民意、了解民情，民声、民意、民情是政府制定决策、完善政策法规的基石，忽视民声、民意、民情的政府所做出的决策也必然遭到民众的反对和指责。沟通机制的建立可以采用多元化的方式来实现，不仅仅要在现实生活中通过设置问询处、接待处及时知晓民意，而且要借助网络实现双向的即时沟通和交流。网络不仅可以发挥聚集和表达民声、民意、民情的平台功能，而且能够成为政府加强与民众沟通的工具。纵观此次舆情事件可以发现，温州市政府在处理与广大人民生活息息相关的土地使用权到期问题时，缺乏与公众的交流和沟通，甚至在没有进行听证会、专家调查等了解民情民意的情况下，擅自处理土地使用权到期问题。在本文的第一部分，可以看出，温州市政府在土地使用权续期的问题上根本没有与当地民众进行任何有效的沟通，因此，其续期需要高价收费的言论一出，就激起了舆论的强烈反应，广大网民的反应非常激烈，不乏网友指责和反对温州市政府此次行为的言论。

综上可以看出，加强与公众的沟通非常重要，尤其是住宅建设土地的使用权问题涉及非常重要的民生问题，与每一个公民都有千丝万缕的关系。政府的工作是面向公众的、与公众利益密切相关的，作为人民的好公仆，要全心全意为人民服务，为人民排忧解难。在处理与广大人民生活息息相关的问题时，要经常就民生问题展开民意收集，通过举办听证会、开展调查研究等方式主动征集民众诉求，广泛倾听和了解民意，体察民情，只有建立在民众支持基础上的政府决策才能顺利推行到基层群众中去，切实为民众排忧解难，实现权为民所用、利为民所

谋，将为人民服务真正落到实处。古语云："知屋漏者在宇下，知政失者在草野"，说明了政府只有真正实现与群众的积极沟通和交流，切实了解群众需求、贴近群众生活、倾听群众的心声，才能知道群众的困难所在，为群众排忧解难，妥善解决民生问题，真正营造为人民服务的优质政府。

（作者：范丹阳　洪　磊　刘长喜）

"来也匆匆，去也匆匆"

——"跨境电商税改新政"颁布后的舆论场

导读：2016年4月8日，一张题为"浦东机场到处是不愿加税而弃置的商品"的图片在微信朋友圈里引发热议，事件发生后，政府携手主流门户网站相继开展辟谣活动——值得深思的是：正是这轮谣言的传播，使得"跨境电商税改新政"一词首次大规模地为普通百姓所知。本研究旨在对这起"来也匆匆，去也匆匆"的财税政策的传播过程进行梳理，尝试就财税政策的推行完善这一话题给出相应建议。

一、引言

在海外代购市场成交额6年间增长逾30倍、原有的包容式税制模式急需转变的大背景下，跨境电商税改新政成为财政部、海关总署、国税总局重点推进的对象。2016年4月8日，我国跨境电商税改新政正式实施，但方向正确的跨境电商税改新政，在落地过程中却引发了诸多意想不到的情况——特别是公布正面清单时间与新政实施时间的缓冲期太短，直接导致舆论场内出现大量谣言、误解和信任缺失。

面对来势汹汹的负面网络舆情，有关部门携手各大门户网站和自媒体平台及时开展辟谣工作，并成功地在负面网络舆情爆发后的"黄金72小时"内实现初步的舆情平抑。然而，"跨境电商税改新政"事件网络舆情爆发的背后仍有两点值得我们叩问——其一，涉及一个新兴行业的大规模税制改革，为何从发文再到正式实施，仅仅经历半个月的时间？相关财税网络舆情的因素是否被纳入决策考量的过程中？其二，当跨境电商税改新政正式推行并引发一系列的意外后果，包括国务院办公厅、商务部在内的多个部门对新政的效果及影响进行了新一轮的调研，延长一年的新政过渡期，这一年的过渡期是否能够有效得以利用，从而推动舆情从"不知不解、负面抵触"到"至少概览、理解初衷"的转变？

二、"跨境电商税改新政"事件舆情生命历程

"跨境电商税改新政"事件自 2016 年 3 月 22 日出现于公众视野，先后经历了"消息流出"、"新政确定"、"满月总结"、"税改延期"四大阶段。该起为期两个多月的财税舆情事件，从 3 月 22 日"新政即将上马"的传言甚嚣尘上，引发舆论广泛关注，到 4 月 8 日"跨境电商税改新政"正式实施，舆情关注达到峰值，再到 5 月 8 日税改新政满月成绩单不甚理想并引起新一轮讨论，到最后 5 月 26 日财政部紧急叫停税改新政，设置一年的政策暂缓期，舆论关注渐趋平稳。此次跨境电商税改新政舆情可谓一波三折，事件转折变化较为明显。

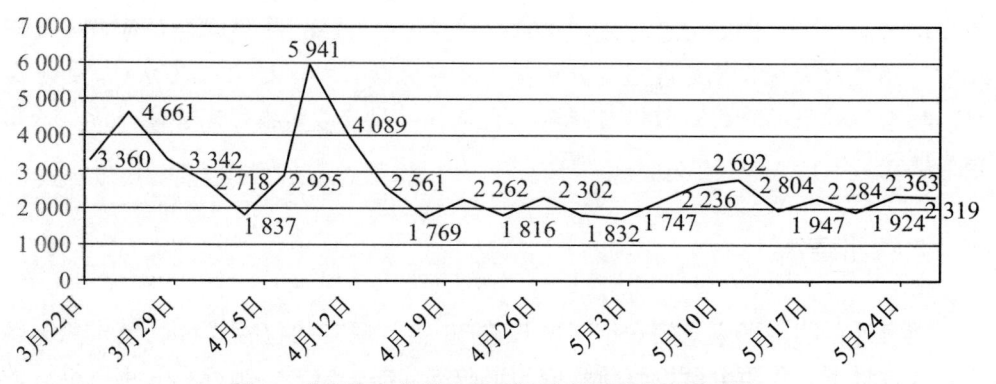

图 1　"跨境电商税改新政"事件百度指数关注度

资料来源：百度指数，http：//index.baidu.com/?tpl=trend&word=%BF%E7%BE%B3%B5%E7%C9%CC，采集日期：2016 年 6 月 10 日。

（一）事件发展周期

2016 年 3 月 22 日起，主流媒体纷纷爆料，经多位从业者证实，由财政部、商务部、海关总署等部门主导的跨境电商新政，已经在原则上获得国务院批准，但一些细节仍在商议，并将于 4 月初落地。

4 月 8 日起，国家财政部、海关总署、国家税务总局联合宣布：为营造公平竞争的市场环境，促进跨境电子商务健康发展，经国务院批准，自 2016 年 4 月 8 日起，我国将实施跨境电子商务零售（企业对消费者，即 B2C）进口税收政策，即跨境电商零售进口商品不再按"物品"征收行邮税，而是按"货物"征收关税、增值税、消费税等，并同步调整行邮税政策。标志我国将对跨境电商进口零售商品执行新税制。

跨境电商税改新政自 4 月 8 日起执行，于 5 月 8 日正式满月。新政的冲击来势汹汹，包括消费者、代购、跨境电商平台以及政府相关部门或多或少都出现了

疲于应对的局面。5月13日前后，距离跨境电商税改新政实施已满一个月时间，有关跨境电商的传闻和争议却从未停止。此时有爆料流出，并称包括国务院办公厅、商务部在内的多个部门在对新政的效果及影响进行了新一轮调研后，拟延长一年新政过渡期，除保留税率调整外，其他按照试点原有方式执行。

5月25日，经过数轮传言后，跨境电商税改新政暂缓一年的消息终于被确认。财政部发布消息，明确海关总署、质检总局已通知实施跨境电商过渡期。此举旨在支持跨境电子商务零售进口税收政策平稳过渡。12月，商务部再次宣布，为稳妥推进跨境电商零售进口监管模式过渡，对跨境电商零售进口有关监管要求给予更长的过渡期，进一步延长至2017年底。

（二）媒体舆情发展：前后变化明显，从审慎措辞到负面字眼上升

1. 风声鹤唳：主流媒体爆料迅速，所持态度喜忧参半。各大主流媒体在3月22日爆料即将施行的跨境电商税改新政，引起了舆论的广泛关注，但因为新政细则将于4月出台，因此主流媒体的关注重点并不统一。如中国证券网以《跨境电商新政有望4月初落地》为题简要发布一则消息，指出新政变革的重点是从过去鼓励所有类型的跨境电商，转变为鼓励跨境出口电商和对实体经济促进作用较大的B2B模式跨境电商[①]；网易科技则转引第一财经日报的专题报道《跨境电商　新政疑云》，从行业的视角入手，用"高空气流"、"行业性的担忧"等描述直指4月的新政"或将对跨境B2C行业造成毁灭性的打击"[②]。

2. 尘埃落定：全方位解读新政变化，报道态度较为客观。4月8日，经国家财政部、海关总署、国家税务总局联合宣布的跨境电商税改新政终于尘埃落定，主流媒体纷纷以头版头条报道此事，并联系众多业内人士对新税制进行解读。

媒体的关注焦点主要集中在两大方面。第一方面是所谓的正面清单——即跨境电商行业高度关注的话题，第二方面是看涨预期——即普通消费者高度关注的话题。4月7日，财政部、发展改革委、工业和信息化部、农业部、商务部、海关总署等11个部门共同公布了《跨境电子商务零售进口商品清单》，清单包括1 142个8位税号商品，力求整顿税收流失问题。同时，主流媒体根据业内人士的观点，在报道中均强调价格涨跌应视产品类型而定，母婴、保健品等税负会有所增加，化妆品、电器类等反而会下降。

3. 新政满月：各大媒体陆续反思，负面措辞数量上升。5月8日前后，税改新政满月之际，不少主流媒体都对新政效果进行了全方位的梳理和总结。以北京

---

① 《跨境电商新政有望于4月初落地》，http://finance.ifeng.com/a/20160322/14282630_0.shtml，采集时间：2016年6月3日。

② 《跨境电商新政疑云》，http://tech.163.com/16/0322/01/BINPM176000915BF.html，采集时间：2016年6月3日。

商报为代表的主流媒体以《新政满月　跨境电商税改反思》为题对过去一个月税改新政后各主体的转变进行报道，历数新政造成的行业负面影响，该报道随即被新浪财经等多家门户网站转载。

5月13日前后，跨境电商税改新政或暂缓一年实施的消息浮出水面，敏锐的媒体纷纷对此进行报道，报道点集中在新政的负面作用方面。以华西都市报为代表的主流媒体将讨伐重点放在价格方面①，《跨境电商税改满月　奶粉、纸尿裤涨价明显》等报道层出不穷。也有相当一部分媒体从企业供货渠道受阻方面着手展开报道，不少媒体用语激进，"低谷"、"行业大萧条"等词汇屡见不鲜。

耐人寻味的是，虽然大部分媒体将新闻标题的基调定位为声讨价格上涨，但是正文中却频繁出现"有升有降"、"整体维持平衡"等措辞。不难看出媒体鲜明的态度转变，从上一阶段较为客观的新闻标题，到这一阶段一边倒的新闻标题，虽然正文仍然指出商品价格总体平稳，但是标题却将上涨的产品单独列举，媒体的态度不言而喻。

4. 延期消息出台：转载通知之余，报道悲观情绪强烈。5月25日，财政部发布消息，税改新政延期执行的传言终于坐实。消息出台之后，各大主流媒体纷纷予以解读，字里行间仍然透露着对未来的担忧。

以证券日报为代表的财经专业媒体撰文直指，暂缓一年执行固然体现政策的弹性，但是缓冲期后如何避免"熔断"效应，仍然是政府决策机构需要面临的难题。在这篇题为《跨境电商新政暂缓一年执行　缓冲期后如何避免熔断引担忧》的报道中，"心头痛"、"何去何从"等字眼较为醒目②。不难发现，在此阶段媒体态度的悲观色彩较为浓烈。

（三）网民舆情发展：前后一致性强，负面态度始终占主流

在税改新政颁布前后，网民舆情和媒体舆情大相径庭。媒体舆情在内容方面关注重点不一，差异化程度较高，在态度层面前后变化明显，从审慎发文到悲观情绪浓烈；网民舆情则呈现出较强的一致性——无论是内容层面还是态度层面，网民始终高度关注"跨境电商税改新政"对海淘商品价格的冲击，并自始至终持有强烈的负面态度。

在这里必须强调的是，财税舆情事件因其专业性强，涉及领域较为狭窄，因此势必不会引起社会各界的广泛关注。在"跨境电商税改新政事件"中，这一现象体现得尤为明显。凡是不涉及价格的报道，阅读量和评论量均不甚理想，经常

---

① 华西都市报记者董兴生、实习生邓梦娇：《跨境电商税改满月　奶粉纸尿裤涨价明显》，http://news.huaxi100.com/show-228-773340-1.html，采集日期：2016年6月2日。

② http://finance.sina.com.cn/roll/2016-05-26/doc-ifxsqxxu4412532.shtml，采集日期：2016年6月2日。

出现"评论0人"的文章报道。当媒体的标题涉及"价格上涨"、"空仓率过半"、"行业冲击"等字眼时，往往会引发网友的关注和转载评论。

在媒体报道方面，本研究采用抽样的方式对网民态度进行测量。以新浪财经这一门户网站的新闻为抽样框，抽取网民观点。新浪财经回复量最多的新闻为《海淘新政确认松绑一年：通关单取消 免税依然无望》①。评论较为雷同，以负面评论为主。新浪财经《海淘新政确认松绑一年：通关单取消 免税依然无望》一文共有52条评论，3 421人参与互动。

在评论内容方面，热门评论集中于"新政是否违反WTO非歧视原则"、"新政是否符合改革开放的精神"、"新政是否是为了多收税"以及"新政的仓促出台和草草收场谁来负责"几大话题。在评论态度方面，前10条热门评论中，有8条表达了对当前新政的不满，52条评论中，共有48条负面评论，4条中性评论，负面评论比高达92.3%。

尤为值得关注的是，涉及政府的媒体报道，网友的负面评论更为集中且强烈。以《财政部：跨境电商新政不会给消费者带来太大负担》一文的评论为例，获赞量最多的评论为网民"@用显卡看星星"的点评，"加税政策出炉一向极快，减税政策一直在研究中"②，共收获40条赞。相关评论中，"扒皮"、"自寻死路"以及人身攻击言辞屡见不鲜。

三、舆情事件各大涉事主体态度

（一）跨境电商：褒贬参半，大型电商主动调整，小型电商转嫁成本

在这起跨境电商税改事件中，不同类型与规模的电商对此关注点存在差异，因此呈现出褒贬不一的舆论态度。在中国经济网对一些电商的采访报道中可知，以亚马逊中国为代表的大型电商指出，新税率政策的出台有利于整个跨境电商行业规范健康发展，"亚马逊采用多渠道模式运营，包括海外购以及一般贸易进口模式。新税制实施后，针对不同品类的适用税率，选择对消费者最实惠的进口途径。"③

而规模较小的垂直类跨境电商，特别是"买手"模式的跨境电商企业，以及

---

① http://comment5.news.sina.com.cn/comment/skin/default.html? channel = cj&newsid = comos-fxsktkr5867773，采集日期：2016年6月13日。
② 《财政部：跨境电商新政不会给消费者带来太大负担》，http://comment5.news.sina.com.cn/comment/skin/default.html? channel = cj&newsid = comos-fxriqqv5853015&group = 0，采集时间：2016年5月30日。
③ 《跨境电商税改对百姓影响几何？》，http://intl.ce.cn/sjjj/qy/201604/07/t20160407_10223415.shtml，采集时间：2017年3月2日。

以海淘、代购为主的跨境卖家则会增加成本。当然，他们可能会根据新政制定相应的定价策略，例如涨价，将这一部分成本转移到消费者身上，但这同时也意味着线上企业价格优势减弱。因此对这类电商而言，税改政策不是利好消息。新浪财经援引一知名电商网站负责人的观点，指出"跨境电商经营的商品生命周期通常为半年。如果按照一般贸易商品准入管理，可能没走完注册备案流程，商品就已经被市场淘汰。所以，真正影响跨境电商发展的并不是税收，而是品类限制。在没有保税模式之前，海外平台如亚马逊等已经通过强大的品牌定价话语权和采购实力，并依托邮快件的网络形成了卖全球的控制权。保税模式这两年给了国内跨境平台弯道超车的追赶机会，如果能够持续现在的发展态势，很有可能孵化出几个中国的亚马逊，一旦保税模式受到影响，本土的跨境企业将失去与海外平台争高下的优势。"① 不难发现，对于跨国巨擘型跨境电商，通过内部组织运作消化新政的能力较强，回旋余地较大；而对于中小型跨境电商，在实际操作过程中因为无法提供通关单所需的资质和单据证明，导致一些商品无法紧扣，或将面临无货可卖的尴尬状况。因此对跨境电商税改新政的态度分化较大。

（二）专家学者：看好新政，改进不足

对于此次跨境电商税改政策的出台，业内专家普遍肯定了其积极意义，但也同时指出了新政实施过程中的诸多不足。中国电子商务研究中心特约高级研究员、上海泛洋律师事务所高级合伙人刘春泉认为："跨境电商试点，一方面是为了满足老百姓对于进口产品的消费需求，另一方面也是希望引导境外消费回流。而且通过跨境电商合法化也可以规范国家进境物品通道，把一部分海淘代购的需求引导到跨境电商平台上来。"② 同时有不少业内专家表示，改革后，消费者"海购"商品通关将会更便捷，消费者跨境网购收到商品的时间将由目前动辄1~2个月缩短至1~2个星期；而且，由于纳入政策商品有完整的交易、支付、物流等电子信息可查，可准确追溯商品来源和责任，也便于消费者退换货，有利于保障消费者合法权益。③

但对外经贸大学教授王健表示，对于 B2C 进口跨境电商平台来讲，除了"免税"优势不再，"客观上甚至存在一定程度的不公。"这些"不公"主要表现在：按照现行的相关条例和规定，一般贸易仍然享受关税、增值税、消费税各

---

① 《跨境电商新政或暂缓一年实施，保留税率调整》，http://finance.sina.com.cn/chanjing/cyxw/2016-05-11/doc-ifxryhti4160673.shtml，采集日期：2017年3月2日。
② 《跨境电商税改：规范与平衡》，http://money.163.com/16/0408/15/BK52HAR500253B0H_all.html#p1，采集时间：2017年3月2日。
③ 《税改新政来了跨境购物怎么办？》，http://intl.ce.cn/sjjj/qy/201604/08/t20160408_10257844.shtml，采集时间：2017年3月2日。

50元的免征税额，而新政单单对跨境电商取消了免税额。因此新政客观上确实会造成提高消费者的总体税负水平，加重规模较小的跨境电商生存压力等影响。①

（三）政府部门：新政支持行业健康发展

财政部相关负责人表示，"新政"出台为跨境电商的发展营造了统一的税收政策环境，使跨境电商零售进口业务可以从少数试点城市扩展至全国，符合条件的城市都可以开展这项业务，将惠及更广泛的消费者和企业，也有利于营造电商企业之间公平竞争的市场环境，鼓励电商企业修炼自身在供应链、物流、服务等方面的"内功"，探索商业模式创新。长期来看，"新政"将有利于跨境电商零售进口行业健康、可持续发展。②

四、反思与总结

此次跨境电商税改新政的出台，尽管有关部门前期做了不少调研和准备，但新政从公布到实施实际只有两周多时间，并且在4月7日也就是新政前一天才公布商品清单，确实十分仓促。而新政实施刚满一月多的时间，又被财政部紧急叫停，纵观该起舆情事件，可谓"来也匆匆，去也匆匆"，留给政府以及社会公众许多反思空间。

（一）政府：政策制定需要更加全面的考虑

上海财经大学公共政策与治理研究院院长胡怡建认为："跨境电商新政策在设计上，注重了政策的合理性，但可操作性上却明显不足，这是今后推出改革方案时需要特别注意的问题。"比如，新政实施前一天才公布商品清单，使企业没有时间充分准备，适应起来非常困难。比如，《跨境电子商务零售进口商品清单》将配方乳粉列于其中，但又加上一条备注需要按照食品安全法进行注册。而目前《婴幼儿配方乳粉产品配方注册管理办法》仍在制定过程中，尚未具体实施。由于以上缺陷，新政的具体实施过程阻碍重重，跨境电商作为新生事物，需要有关部门出台政策前，把各种困难和问题考虑得更充分，并针对跨境电商的特点做好相关政策落地衔接和配套颁布，避免打击行业发展。③

---

① 《跨境电商税改：规范与平衡》，http://money.163.com/16/0408/15/BK52HAR500253B0H_all.html#p1，采集时间：2017年3月2日。
② 《史上最全的跨境电商"税改"官方解读出炉："新政"利好行业发展》，http://www.cifnews.com/article/20034，采集时间：2017年3月2日。
③ 《跨境电商：新政策"卡"在哪儿》，http://finance.people.com.cn/n1/2016/0529/c1004-28387439.html，采集时间：2017年3月2日。

2016年无疑是一个财税政策出台的大年,"跨境电商税改新政"舆情事件爆发后一个月,"全面推行营改增"这一口号逐渐走向公众视野。纵观两期舆情事件,"跨境电商税改新政"是单一行业内的新政,而"全面推行营改增"则是涉及全行业的新政,政策广度和深度均远远超过前者,推行难度无疑也远远大于前者。但是,在中央到地方各级财税体系单位的全局部署下,在各省级国税、地税局官网每日通过推送官方微博、微信公众号开展政策解读的持续宣传下,在各种营改增案例、报税答疑、申请帮助等图文并茂、形式活泼的交互宣传软文撒网式地宣传下,"全面推行营改增"逐渐从空洞口号走向具体落实,相关财税网络舆情呈现"高热点关注度、高讨论度、低情绪转变度"的有利传播形式。因此,重视宣传阵地,重视舆情引导,政策的推行方能平稳开展,民众的抵触情绪才能得以安抚、平息。"跨境电商税改新政"舆情事件背后所体现的政策"来去匆匆"和"宣传低效",给后续政策的制定留下了极强的借鉴意义。

(二)媒体:新闻切勿只报忧不报喜

为期一个多月的"跨境电商税改新政"舆情事件,仅在政策尘埃落定后的短短几天内,媒体密集刊登政策介绍型的客观报道,并联系众多业内人士对新税制进行解读。而其他时段,媒体均呈现出较为明显的态度导向。

从2016年3月起,各路媒体就开始纷纷爆料称跨境电商税改新政即将上马,部分媒体甚至在新政出台前就以"高空气流"、"行业性的担忧"等词藻预言4月的新政"或将对跨境B2C行业造成毁灭性的打击"。在新政满月之后,大部分媒体将新闻标题的基调定位声讨价格上涨,刻意引导消费者的不满情绪。例如《华西都市报》以《跨境电商税改满月 奶粉、纸尿裤涨价明显》为题集中攻击新政带来的负面作用。直到5月26日,财政部明确实施新政过渡期时,各大主流媒体对此进行报道时,字里行间仍然透露着对未来的担忧。《证券日报》一篇题为《跨境电商新政暂缓一年执行 缓冲期后如何避免熔断引担忧》的报道中,"心头痛"、"何去何从"等词汇博人眼球,引导公众悲观情绪。

不难看出,在此次税改舆情事件中,尽管新政确有许多不足,但各大媒体的关注焦点始终落在新政的弊端,甚至有不少媒体使用了"低谷"、"行业大萧条"等激进的词汇。媒体不能做到政府政策的积极宣传与解读者,甚至选择性忽视新政带来的多项利好,一定程度上使新政实施效果打了折扣。

(三)公众:理性对待政府新政

尽管财税事件专业性强、涉及领域狭窄等,公众对此次税改新政仍然有较大关注,尤其是涉及商品价格的新闻。同时在此次舆情事件中,公众的反应较为一致,以负面批评为主。而尤为值得关注的是,凡是涉及政府的媒体报道,网友的负面评论更为集中且强烈，所以公众对税改新政的态度大多主观先入地带有负面印象。以《法制晚报》中《财政部：跨境电商新政不会给消费者带来太大负担》一文的评论为例，获赞最多的评论是"加税政策出炉一向极快，减税政策一直在研究中。"因此，社会公众应摒弃对政府政策的刻板印象，更多角度地看待新政，另外政府更应积极改善公众形象，积极宣传新政成效，引导公众理性评价。

（作者：洪　磊　吴明星）

无稽之谈 Vs 有迹可循

——公众曲解"12 万为高收入"舆情事件分析

导读：近年，关于个税改革的消息不绝于耳，但只闻楼梯响，不见下来人。此次"年所得 12 万为高收入"舆情事件由部分媒体对政府《意见》的误解引发，在民众对个税改革高度关注的背景下，将民众关注度推向了新的高潮，后经相关部门出面辟谣，民众态度经历了明显的转变，由辟谣前压倒性批判，转至辟谣后对个税改革的讨论与期盼，反映出一场有针对性的个税改革迫在眉睫。

一、前言：个税改革背景下的无中生有

"年所得 12 万为高收入"事件的诱因需追溯至 10 年前。2005 年 12 月 19 日，国务院颁布《国务院关于修改〈中华人民共和国个人所得税法实施条例〉的决定》，文件指出，"年所得 12 万元以上的纳税人，在年度终结后 3 个月内到主管税务机关办理纳税申报"。该文件在 2008 年与 2011 年历经两次修订，但三份文件中均未有任何条文规定"年所得 12 万元以上属于高收入"，这一数字仅是税务机关进行征收管理而制订的一个程序性标准，在过去此标准并未引起广泛关注。

2016 年 10 月下旬，"年所得 12 万元"这一敏感数字重回公众视野，并迅速引爆舆论场。本次引爆同样缘起于国务院的一项政策。21 日国务院公布《关于激发重点群体活力带动城乡居民增收的实施意见》（简称《意见》），《意见》涉及税收调节的内容有且仅有一条——"实施财产性收入开源清障行动，实施收入分配秩序规范行动；进一步减轻中等以下收入者税负，同时适当加大对高收入者的税收调节力度，堵塞高收入者非正规收入渠道，发挥收入调节功能"[1]。但恰恰是这仅有的一条内容，经过部分媒体的放大和误读，变成"年收入 12 万元以

---

[1] 《国务院印发〈关于激发重点群体活力带动城乡居民增收的实施意见〉》，http://finance.people.com.cn/n1/2016/1021/c1004-28798394.html，采集日期：2016 年 11 月 17 日。

上者为高收入群体，将加大税收力度"这一谣言，并辅以劲爆的标题，以《北上深的韭菜：楼市股市还没套牢的，个税来了?》、《12万元以上的个人将加征个人所得税》等极具话题性的文章刷爆朋友圈为标志，公众对"年所得12万元为高收入"这一事件的关注度迅速飙升。

鉴于个税这一话题的敏感性，此次事件引发民众的普遍关注和压倒性批判，并在互联网上引起了轩然大波，直到财税部门出面辟谣才逐渐得以平息。经监测，民众的态度在政府辟谣前后发生过明显的转变，在辟谣前民众以压倒性批判为主；辟谣后，民众关注点聚焦于个税改革的讨论与展望。民众对此次舆情事件的高度关注反映出对个税改革的热切期盼。

二、舆情事件生命周期

本研究对舆情事件的舆情波动和传播机制进行分析，数据来源为上海开放大学信息安全与社会管理创新实验室数据采集系统和百度指数，采集时间段限定于2016年10月20日0时至2016年10月29日0时。

（一）舆情波动特征

1. 总体发展趋势：以官方辟谣为分界点、快热快消。此次舆情事件持续时间较短，以"个税12万"为关键词展开全网监测，获得舆情事件关注度图谱，具体见图1。关于该主题的互联网舆情数据多达45 900条。舆论最高峰出现在10月24日，有28 720条数据，其中微博25 285条、新闻1 925篇、微信公众号825篇、论坛373篇、新闻客户端207篇、其他105篇。

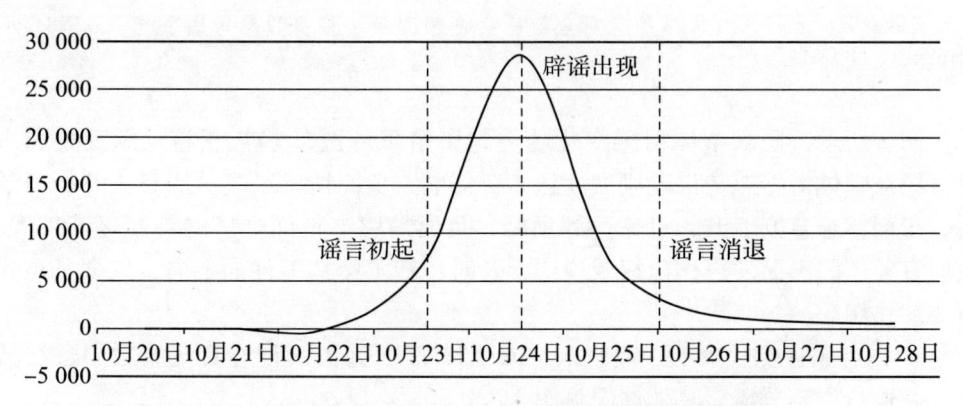

图1 "年所得12万为高收入"舆情事件关注度概览

资料来源：上海开放大学信息安全与社会管理创新实验室数据采集系统，采集日期：2016年11月18日。

此次"年所得12万为高收入"舆情事件发展过程呈现出周期短、波动大、发展迅猛的特点。10月21日国务院公布《关于激发重点群体活力带动城乡居民增收的实施意见》，此事件开始走进公众视野，22日《北上深的韭菜：楼市股市还没套牢的，个税来了？》《12万元以上的个人将加征个人所得税》等文章在微信朋友圈、媒体网站开始传播，并迅速扩散，引发舆论热潮，民众关注度扶摇直上。24日财政部、税务总局专家对此观点进行辟谣，民众关注度逐渐达到峰值，随后，民众关注度渐次下降，到10月29日0时，其舆情热度下降至此次事件之前的水平。该事件由部分媒体对《意见》的误读直接引爆，舆情酝酿过程短，瞬间引起民众关注，迅速达到舆论顶点后，也较为迅速的趋于平淡。

2. 情感关注点：从批判到理性。在事件之舆情周期内，对网民关于相关报道、文章、微博等评论进行总体性情感分析，得图2。

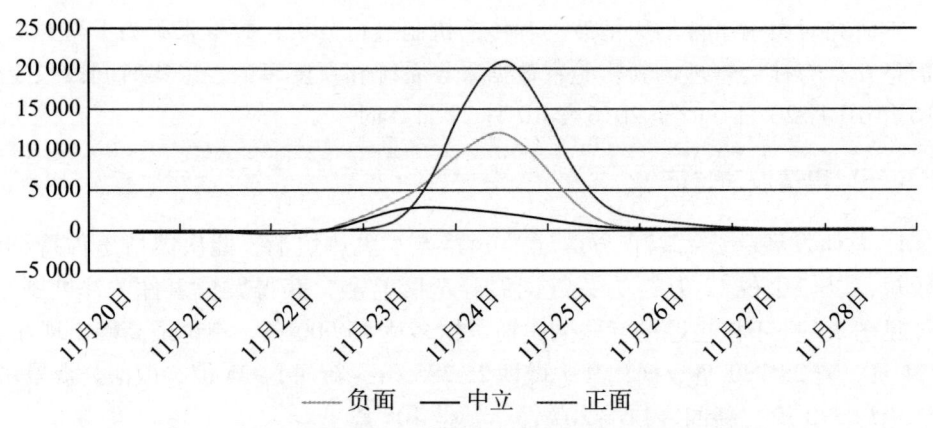

图2 "年所得12万为高收入"舆情事件情感发展趋势

资料来源：上海开放大学信息安全与社会管理创新实验室数据采集系统，采集日期：2016年11月18日。

图2所示，民众整体情感变化趋势与舆情事件波动趋势相符。纵观整起事件，民众整体情感态势出现剧烈变化。辟谣前，负面情感最高；当官方开始辟谣后，正面情感急剧上升，迅速达到顶峰，负面情感与正面情感的差距逐渐扩大。政府有关部门出面发声作出权威说明，及时扭转了舆情事件的走向，发挥了至关重要的作用。

3. 内容关注点：聚焦于高收入。以"12万"为关键词在百度指数中进行搜索，并进行内容分析，具体情况见图3。

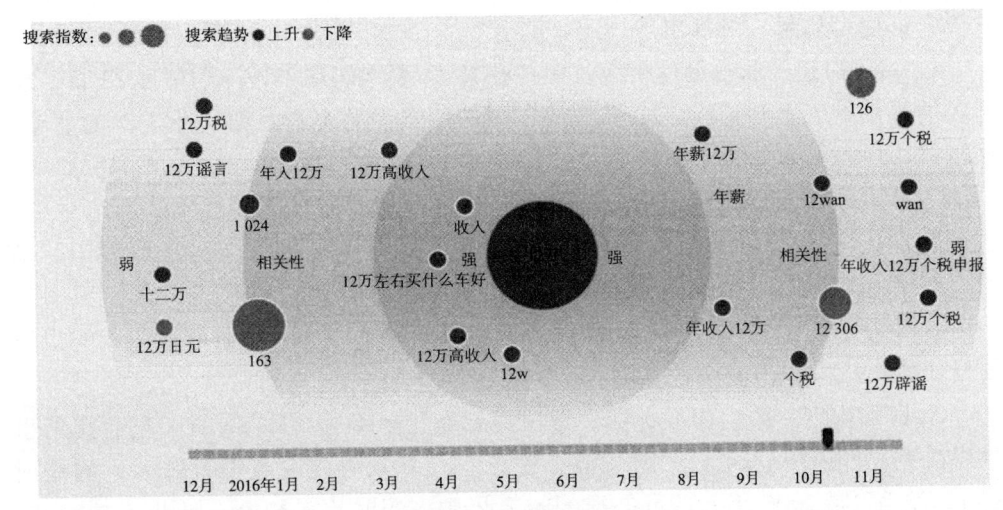

图 3　舆情相关话题

资料来源：百度指数，采集日期：2016 年 11 月 18 日。

经搜索得出舆情相关话题图谱，与事件相关度较高的话题是"个税申报"、"辟谣"等。同时，在百度指数中搜索"12 万年薪"、"12 万高收入"、"12 万辟谣"等关键词呈现出爆炸式的增长，分别增长 9 660%、7 663%、8 482%，再次说明此次舆情事件具有极高的热度与话题关联度，在网络上得以快速传播，引起了民众极为密切的关注。

4. 空间关注点：一线城市热度最高。在事件舆情周期内，我们对舆情地理分布热度进行分析。在舆情热度的空间分布上，前三位分别为上海、四川、江苏。上海热度值为 81.49，占比 11.5%，共有博文 3 511 篇；四川热度值为 48.58，占比 5.1%，共有博文 1 566 篇；江苏热度值为 45.85，占比 7.6%，共有博文 2 330 篇。

本文对热度值排名前三位省份（直辖市）的博文进行抽样分析。上海网民对此次事件关注度最高，辟谣前，网民态度以抱怨与担忧为主，大量出现"12 万在上海勉强温饱""12 万过的很辛苦"等评论，民众负面情绪强烈。这一时期，上海出台了相关楼市限购政策，在此基础上，《意见》在传播过程中的"失真"加剧了上海网民负面情绪的产生和积累；辟谣后，即 24 日开始，民众情绪出现转变，大量出现"好在是谣言""相信个税改革能真正保障中低收入者"等评论。而四川、江苏等地网民以转发相关文章为主，其评论也随辟谣的出现而变化，整体来看，正负评论参半。上述三省份的博文抽样结果反映出此次舆情事件的空间分布呈现出较强的地域特征。

（二）舆情生命周期

本次"年所得 12 万为高收入"舆情事件发展较为迅猛，大致可以分为三个阶段，即谣言初起、辟谣出现、谣言消退。

1. 谣言初起：谣言迅速扩散，舆情快速发展。10月22日至10月23日，整起舆情事件处于上升阶段。22日疯传于微信朋友圈的文章，如《北上深的韭菜：楼市股市还没套牢的，个税来了？》《12万元以上的个人将加征个人所得税》等，对前一日国务院公布的《关于激发重点群体活力带动城乡居民增收的实施意见》进行曲解，相关文章迅速在互联网扩散，引发民众的高度关注与激烈讨论。随后，舆情发生地由微信扩散至线上媒体，主流媒体迅速跟进报道，以搜狐财经《年入12万的韭菜要被收割了，深度解读最新个税政策》①等文章为代表的报道纷纷出现，进一步引发舆论热潮。

2. 辟谣出现：政府出面辟谣，舆情达到高潮。10月24~25日，整起舆情事件发展到高潮阶段。24日，财政部、税务总局专家对此观点进行辟谣，称年所得12万元只是2006年起自行申报的收入界限，当时不是划分高低收入的标准，现在更不可能"一刀切"，要想知道高收入人群的确切标准线，只有等未来真正的方案出台。随后，主流媒体纷纷发力辟谣，以网易财经《个税改革权威解读：年入12万以上多交个税纯属谣言》②等文章为代表的辟谣报道大量涌现，各媒体从税收历史及经济发展现状角度进行报道，及时澄清事实，还原事件真相，微博上，各媒体微博与官方微博均及时辟谣，社会舆论达到高潮。

3. 谣言消退：社会关注下降，舆情逐渐消退。10月25日之后，整起舆情事件处于消退阶段，至10月底，社会舆论整体已经下降到事件发生前的水平，新闻媒体与微博网友对该事件的关注度普遍下降。期间仍有媒体发文辟谣，如新浪财经发表文章《年所得12万是如何变成高薪的》③《年收入12万加税谣言背后：反映公众期待个税改革》④，环球网发表文章《年入12万到底算不算高工资？个税改革需考虑支出水平》⑤，网易财经发表文章《年入12万算高收入者是假的，但个税过高却是事实》⑥。该时期的报道以反思、讨论为主，虽引起了一定程度的关注，但影响逐渐减小。该时期，媒体报道力度逐渐降低，民众关注度下降，

---

① 《年入12万的韭菜要被收割了，深度解读最新个税政策》，http://business.sohu.com/20161023/n471082451.shtml，采集日期：2016年11月17日。

② 《个税改革权威解读：年入12万以上多交个税纯属谣言》，http://money.163.com/16/1025/09/C47AGQDL002580S6.html，采集日期：2016年11月17日。

③ 《年所得12万是如何变成高薪的》，http://finance.sina.com.cn/roll/2016-10-31/doc-ifxxfuff7265710.shtml，采集日期：2016年11月17日。

④ 《年收入12万加税谣言背后：反映公众期待个税改革》，http://finance.sina.com.cn/roll/2016-10-26/doc-ifxwzuci9577804.shtml，采集日期：2016年11月17日。

⑤ 《年入12万到底算不算高工资？个税改革需考虑支出水平》，http://finance.huanqiu.com/roll/2016-10/9600965.html，采集日期：2016年11月17日。

⑥ 《年入12万算高收入者是假的 但个税过高却是事实》，http://money.163.com/16/1027/15/C4D4ER88002581PP.html，采集日期：2016年11月17日。

舆情热度逐渐消退。

在上文对舆情事件波动及事件生命周期分析的基础上，对舆情事件发展过程及各参与主体所扮演角色与民众态度作出直观流程图，见图4。

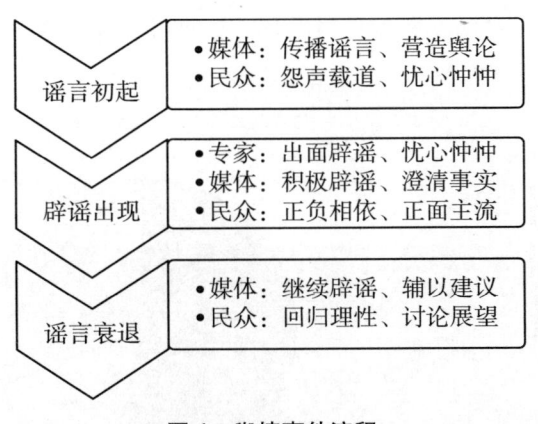

谣言初起
- 媒体：传播谣言、营造舆论
- 民众：怨声载道、忧心忡忡

辟谣出现
- 专家：出面辟谣、忧心忡忡
- 媒体：积极辟谣、澄清事实
- 民众：正负相依、正面主流

谣言衰退
- 媒体：继续辟谣、辅以建议
- 民众：回归理性、讨论展望

图 4 舆情事件流程

三、舆情事件传播机制分析

（一）主力传播阵地：微博一家独大、腾讯网紧随其后

本研究在分析舆情事件生命周期的基础上，进一步对该事件相关的信息网站来源进行监测，以期对舆情事件的传播机制进行分析，具体结果如图5所示。

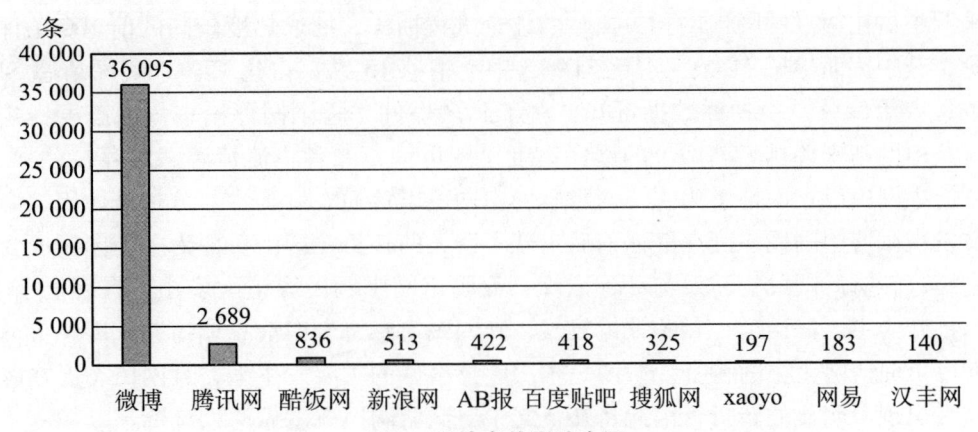

网站	条数
微博	36 095
腾讯网	2 689
酷饭网	836
新浪网	513
AB报	422
百度贴吧	418
搜狐网	325
xaoyo	197
网易	183
汉丰网	140

图 5 舆情事件网站来源

资料来源：上海开放大学信息安全与社会管理创新实验室数据采集系统，采集日期：2016年11月18日。

图 5 表明，下列网站对该事件的关注度较高：新浪微博 36 095 条，占比 78.25%；腾讯网 2 689 条，占比 5.83%；酷饭网 836 条，占比 1.81%；新浪网 513 条，占比 1.11%；AB 报网站 422 条，占比 0.91%；其他共 1 263 条，占比 12.09%。鉴于新浪微博和腾讯网是本起舆情事件发生与传播的主阵地，因此本研究借助这两大平台对网民态度进行抽样，以期获得本起舆情事件中网民的整体态度。

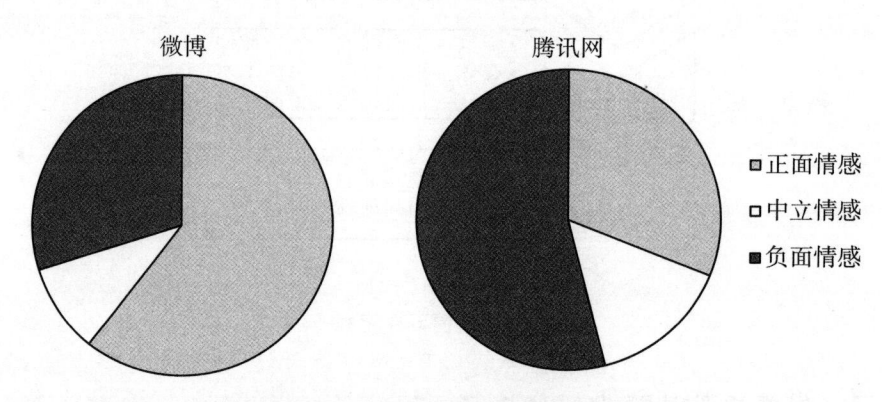

图 6　微博与腾讯网网民态度总体占比

资料来源：上海开放大学信息安全与社会管理创新实验室数据采集系统，采集日期：2016 年 11 月 18 日。

图 6 显示，舆情事件周期内相关微博共有 36 095 条，正面情感 21 827 条，占比 60.47%；中立情感 3 495 条，占比 9.68%；负面情感 10 772 条，占比 29.84%。由微博数据可知，对于此次事件，微博网民正面态度占主流。对网站来源中占比第二的腾讯网相关文章的评论进行抽样，抽取热度较高的前 100 条评论，其中正面情感 31 条，占比 31%；中立情感 15 条，占比 15%；负面情感 54 条，占比 54%。由抽样数据可知，对于此次事件，腾讯网评论中负面态度占主流。由网站来源排名前两位的网民态度饼图可知，二者主流情感态度存在差异，微博中网民以正面情感为主，而腾讯网中网民以负面态度为主。分析其原因，本文发现微博中网民态度在辟谣前后出现了巨大的转折，即由负面为主转向正面为主，且转折后网民的转发与评论激增；而腾讯网中网民评论大多集中在辟谣前，以批判为主，辟谣后，相关评论较少，其网民情感符合舆情总体情感发展趋势前期以负面情绪为主的特征。微博是本次舆情事件的主要发生地，且网民态度在辟谣后出现了明显的转折，因此将在下文中对微博网民态度做深入分析。

（二）转载分析：传谣为主、辟谣为辅

对该起事件相关的转载内容进行监测，获取全网转载量排名前 5 的文章，具

体信息见表1。

表1　　　　　　　　　转载量排名前五文章

时间	新闻名称	关键词	转载量
24日前	个税要减咯？国务院最新政策，年收入12万以上要注意了！	个税12万	327
	北上深的韭菜：楼市股市还没套牢的，个税来了！（深度详解12万政策）	12万高收入	183
	个税改革来了：12万元以上被称为高收入群体，要加税！	12万加税	144
24日后	财政部专家：年入12万非高收入标准个税改革："三步走"为误传	12万非高收入	92
	"后收入12万元是高收入群体"的谣言为什么会火	12万高收入为谣言	89

资料来源：上海开放大学信息安全与社会管理创新实验室数据采集系统，采集日期：2016年11月18日。

转评前五文章总转载次数为835条，其中"个税要减咯？国务院最新政策，年收入12万元以上要注意了！"转载数为327条，占比39.16%，位居第一。分析发现，转载量排名前五名的文章内容具有极强的时间特点，即以政府出面辟谣为分界点，媒体前后转载内容呈现较大的转折，辟谣前转载文章内容以散布谣言为主，辟谣后转载文章内容以辟谣为主。但是，从转载量上看，谣言传播阶段相关文章的转载量远高于辟谣阶段文章的转载量，转载量排名前三位的文章全部都属于传播谣言，辟谣文章的总转载量还不及排名第二的传谣文章的转载量，可见相关媒体报道时更注重事件的话题性，话题性减弱后，其报道力度逐渐减弱。

四、舆情关注点分析

"年所得12万为高收入"舆情事件由部分媒体曲解《意见》引发。部分媒体利用民众对个税的高度关注，炮制极具煽动性的文章，在互联网空间营造出一种压倒性批判的氛围。为更加全面地了解各个主体对"年所得12万为高收入"这一事件的观点和态度转变，本研究选取媒体、业内人员和网民作为分析对象，展开内容分析。

(一) 媒体内容关注点：初期关注谣言、中期关注真相、后期积极展望

媒体是此次事件舆情的主要推动者，其关注点是舆情分析的重要组成部分。媒体的关注点随事件的发展出现了三次变化，在事件初期关注谣言信息，事件中期转至关注事件真相，最后直至对个税改革展开思考与讨论。

舆情事件初期发展阶段，媒体对该事件的报道主要受相关误解文章的影响，相关报道文章主题均围绕"年收入12万将加税"展开。媒体相关报道称，业界关于推进个税改革的思路已达成共识，计划由高收入阶层入手进行调节，"渐进式"推进个税改革。高收入阶层的收入来源较为多元化，未来推进个税改革的过程中，将加大对高收入阶层的调节力度，而在现行的税制体系中，年收入12万元以上即属于高收入，因此，该群体未来将成为个税改革的重点调节对象。从该事件由微信朋友圈引爆，到政府相关部门出面澄清这段时间内，各媒体主要以转发相关文章为主，单纯注重事件的热度与话题性，并不对事件的真实性与科学性进行甄别，很大程度上误导了民众，加剧了民众的不安感，助长了民众对此次事件负面情绪的发酵和积累。

舆情事件高潮与消退阶段，媒体对该事件的报道主要受政府相关部门与税收专业人员辟谣的影响，该阶段媒体以及时澄清事实，还原事件真相为主。媒体开始分析事件本身的真实性与正确性，报道引用相关专业人员的观点，称年所得12万元需进行税收申报只是税务机关进行征收管理而制订的程序性规定，年所得12万元从来都不是划分高收入的标准。同时，媒体从经济发展与工资水平等角度分析，认为年所得12万元不可能是从现今划分高收入的标准，相关报道称，2015年我国职工平均工资为63 241元，上海市为71 269元，北京市为85 038元，现在，年所得达到12万元已经不再是一个遥不可及的目标。此外，我国个税起征点，从2005年的1 600元，调整到2015年的3 500元，起征点有大幅提高，因此，从职工平均工资增长幅度与个税起征点提高等历史发展来看，年所得12万元不可能是现今社会中的高收入。

舆情事件发展后期，媒体发布相关辟谣新闻的同时，着重于对个税改革提出建议。主要集中在个税改革需明确高收入的划定标准，确保调节高收入做到有的放矢；适当提升个税起征点，逐步实行家庭合并纳税；个税改革需借鉴国际经验，结合中国实际，统筹考虑。搜狐财经相关文章认为，关于收入等级划分的问题，不止中国，世界各国都没有一个明确的法律标准，大多只是结合税收征管的实际需要而制定出相应的征管条例，《意见》提出要加大对高收入群体的调控力度，但对于"高收入"的界定尚不明晰，在即将推行的个税改革中，需尽量明确高收入的划分标准，做到对真正的高收入群体加强调控。个税改革涉及范围广

泛，需在借鉴国际经验的基础上，从我国实际出发，统筹考虑。① 全景网发表相关文章称，中国经济呈现出较快速度的发展，现在虽处于经济新常态时期，但个税起征点相对于经济发展状况而言，仍较低，民众生活成本随着经济的发展迅速增长，个税起征点也应顺应经济社会发展的需要，及时作出调整，做出适当的提升。同时，现今实行的个人所得税缴纳以个人为单位，应考虑到个人所属家庭的现实因素，逐步过渡到以家庭为单位缴纳个人所得税②。中金外汇发表相关文章称，个税改革在加强对高收入群体的调控力度的同时，应合理划分收入界限，扩大中等收入群体规模，切实保障中低收入群体的利益，力求建立"橄榄型社会"，同时需借鉴国外个税改革经验，结合中国实际，统筹考虑③。

（二）税收专业研究人员内容关注点：出面辟谣、辅以建议

1. 辟谣：年所得12万元为高收入，将加大调控力度，纯属误读与谣言。此次舆情事件，在媒体对《意见》中关于税收内容产生误解，负面舆情愈演愈烈之际，专业研究人员及时辟谣，对还原事件真相，稳定民众情绪起到了关键的作用。

多位税收专家在该事件负面舆论愈演愈烈之际，纷纷现身辟谣。如财政部中国财政科学研究院研究员孙钢认为，所谓年收入12万元，其设定之初只是一个个税申报的标准，从来就不是划分收入等级的规定，十年之前不是，随着我国经济社会的快速发展，现在年收入12万元更不可能是所谓的高收入群体。而媒体报道的"年所得12万以上是高收入"纯属缺乏税收常识的误解和想象④。

2. 建议：个税改革需考虑重调整税率级距，逐步推进综合制，实现家庭合并申报纳税。2011年，财政部对工资薪金所得税率结构进行调整，将之前适用的9级超额累进税率改为7级，并在此基础上对级距进行调整，扩大了5%和10%两个较低税率档次的适用范围，这次调整很大程度上减轻了中低收入者的税负压力。同时财政部扩大了最高税率45%的覆盖范围，加大对高收入者的调节力度。但多名税收专业人员表示，现今经济发展日新月异，人们收入来源愈发多元化，现行的最高税率适用标准相对较低，其适用标准应适当提升，应适用于真正的高收入人群。如中国社会科学院财经战略研究院研究员杨志勇认为，现在我国个税最高税率45%的征收标准过高，不利于激发创造活力与引进人才，同时最高税率的适用标准过低，部分中产被适用于最高税率，应适当提升最高税率的

---

①④ 《专家：年入12万以上多交个税纯属谣言》，http://business.sohu.com/20161025/n471231464.shtml，采集日期：2016年11月17日。

② 《年入12万是高收入？为个税先别慌》，http://www.p5w.net/money/lczh/201610/t20161025_1616311.htm，采集日期：2016年11月17日。

③ 《个税改革最新消息：年入12万成高收入群体或加个税》，http://forex.cngold.com.cn/gnrd/20161024d11024n93375110.html，采集日期：2016年11月17日。

适用标准，真正调节高收入①。

我国现行个税制度以分类所得税制为主，可细分为11类个税项目，较为繁杂，但总体上可以划分为劳动性所得与资本性所得两个大类，税收专业研究人员认为可以在缩小税率差异的基础上实行综合征收，同时，也应考虑到家庭因素，将个人分别计征逐步过渡为按家庭合并申报纳税。例如社科院财经战略研究院税收研究室副研究员滕祥志认为，我国现行个税征收采取按个体计征的方式，没有考虑到个体所属的家庭因素，虽然现在民众收入普遍提高，但同时生活成本增长也较为迅速，大多家庭面临抚养、教育、房贷等生计压力，夫妻双方都需要缴纳个税，很大程度上增加了家庭的生活压力，在未来的个税改革中，将家庭多项支出合并纳入扣除项，对于纳税的主体应由个体转向家庭，将家庭作为纳税的主体，尽量实行综合征收，实现整体性减税②。

（三）网民内容关注点：由批判回归理性

本文以新浪微博作为网民对事件舆情态度的主要收集方式，在事件舆情周期内搜索相关微博，以辟谣开始出现为分界点，得图7，分析发现，网民对此次舆情事件的态度随着辟谣信息的出现而发生较为明显的转变。

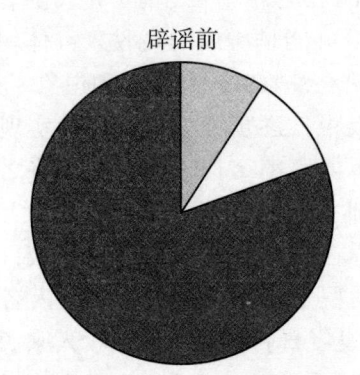

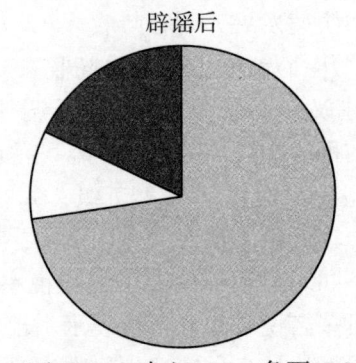

图7 辟谣前后微博评价态度占比

辟谣前：正面9.1% 中立10.5% 负面80.4%
辟谣后：正面72.7% 中立9.5% 负面17.8%

资料来源：上海开放大学信息安全与社会管理创新实验室数据采集系统，采集日期：2016年11月18日。

如图7所示，辟谣前相关微博共6 946条，其中正面评价636条，占比

---

① 《百万年薪交40万个税"12万以上加征个税"说法得到辟谣》，http://fj.china.com.cn/p/199767.html，采集日期：2016年11月17日。
② 《年收入12万加税谣言背后：反映公众期待个税改革》，http://finance.sina.com.cn/roll/2016-10-26/doc-ifxwzuci9577804.shtml，采集日期：2016年11月17日。

9.1%；中立评价726条，占比10.5%；负面评价5 584条，占比80.4%，相关微博评价中，负面态度占压倒性多数。辟谣后相关微博共29 149条，其中正面评价21 191条，占比72.7%；中立评价2 769条，占比9.5%；负面评价5 188条，占比17.8%，相关微博评价中，负面态度大幅度减少，正面态度占压倒性多数，正面态度与中立态度占比为82.2%，网民的态度逐渐回归理性，下文对微博网民关于此次事件的具体观点做进一步分析。

1. 批判：12万元绝非高收入，个税改革让赋税雪上加霜。对微博网民关于该舆情事件的相关批判聚焦点进行抽样分析，具体见表2。

表2　　　　　　　　　　微博网民批判聚焦点

批判聚焦点	占比（%）
部分批判——12万元不应是高收入，地域感受存在差异	56
部分批判——个税起征点过低，伤害低收入人群	28
完全批判——个税改革要榨取民脂民膏	16

首先，在网民所持批判态度中，过半网民认为，年所得12万元就被划定为高收入不科学，每年交完税，剩下刚够养家，特别对于生活在北上广深等一线城市的人来说，年薪12万元不难达到，但生活成本高，若加大对12万元以上收入人群的调控力度，在一线城市生活会更加捉襟见肘。例如，新浪微博网友"@影子LEON"：12万现在很高么？在一线城市里12万一年能买几平米房子？① "@Niny柠"：年收入12W就是高收入人群了？吓哭了啊，换成家庭人均收入12W才更合理吧。② "@牵右手有颗痣"：那个地方的消费水平不一样，12万对于一线城市来说，属于低收入者。北京房价一平米10万左右，在一线城市，一年不吃不喝不生小孩不养老人的情况下，买一个100平米的房子需要100年，请问怎么活？12万高吗？③ "@leo315"：考虑现在的物价房价吧，至少要分区域考虑吧。④

其次，部分网民认为现在施行的个税起征点相对于经济发展现状而言过低。国家努力构建稳定的"橄榄型"社会，扩大中产阶层人群数量，保障低收入人

---

① 新浪微博，"@影子LEON"，http：//weibo.com/u/1712050501? is_hot=1，采集日期：2016年1月17日。
② 新浪微博，"@Niny柠"，http：//weibo.com/u/2118836932? is_hot=1，采集日期：2016年1月17日。
③ 新浪微博，"@牵右手有颗痣"，http：//weibo.com/u/3971056389? refer_flag=1001030106_&is_hot=1，采集日期：2016年1月17日。
④ 新浪微博，"@leo315"，http：//weibo.com/u/1706574993? is_hot=1，采集日期：2016年1月17日。

群,但现今所施行个税起点相对较低,调节收入分配时对低收入人群造成伤害。例如,新浪网友"@冰冷无情2016":个税起征点3 500元,现在月收入达到3 500元不算什么难事,但这点钱在任何地方都不算多,这个起征标准几乎就是涵盖了所有人,并没有起到实质的保障低收入人群的作用。①"@君子兰 XMW":抛开12万元是否是高收入这个话题,单就起征点来说,本身就不符合民众收入的现状,人民收入总体来说逐年增加,起征点却没有及时跟上民众收入的变化,现在还施行好几年前的标准,对于低收入者来说是一种伤害。②

最后,针对此次舆情事件,少数网友把矛头指向了即将推行的个税改革,对政府推行个税改革的目的表示质疑,不少网友认为此次事件只是政府态度的一个缩影,个税改革并不会藏富于民,减轻人民税负,反而是要加大征税力度。"@桂桂_女儿要好好学习":现在个人所得税真是越征越多,年收入十二万就是高收入?看来专家们是不想让我们奔小康了③。

2. 讨论:现行个税制度需改进、针对性改革迫在眉睫。对微博网民关于该舆情事件的相关讨论聚焦点进行抽样分析,具体见表3。

表3　　　　　　　　　微博网民讨论聚焦点

讨论聚焦点	占比(%)
个税起征点制定不应"一刀切",需考虑地区差异	43
个税税率级距需提高,真正调节高收入	35
个税缴纳方式需转变	22

首先,该舆情事件网民关注的一个重点是所谓"12万为高收入"在不同地区的适用问题,多数网民表示,年所得12万元在小城市可能算得上是高收入,但在一线城市年所得12万元确实算不上高收入,勉强温饱而已。因此,网民针对此次舆情事件引发了个税起征点制定标准的讨论,多数网民认为个税起征点的制定不应"一刀切",现今全国各地区经济发展水平存在差异,工资水平与物价水平也存在差异,应当根据各地区实际情况制定起征点,切不可"一刀切"。例

---

① 新浪微博,"@冰冷无情2016",http://weibo.com/u/5900901383? is_all=1,采集日期:2016年1月17日。
② 新浪微博,"@君子兰XMW",http://weibo.com/u/3729578825? is_hot=1,采集日期:2016年1月17日。
③ 新浪微博,"@桂桂_女儿要好好学习",http://weibo.com/u/3148713640? is_hot=1,采集日期:2016年1月17日。

如，新浪微博网友"@eyesonKai"：考虑现在的物价房价吧，至少要分区域考虑吧。① "@惜惜琴德"：一刀切太搞笑了，一万在北京和在老家可不是一回事。② "@清新飞扬"：强烈要求分区域征收个人所得税。③ "@IRIS————S"：要结合各地实际收入情况，北上广12万年收入应该比中位数高不了多少。④ "@毛茸茸的小舞"：不应该一刀切。⑤ "@占边爱加冰"：个税就应该各省市按情况来定，上海一年12万不够，但广西一年10万就很好。⑥ "@海阔天高kevin"：纳税的标准应该与社会生活指数挂钩，如国内5个重点城市平均楼价的2倍为月收入免税标准，4倍为第一档，8倍为第二档，这才是合理的标准啊。⑦

其次，《意见》之所以会被部分媒体误读，很大程度源于在个税改革背景下，关于高收入的划定标准不明晰，在个税改革中，需明确划分收入等级，加强对高收入群体的调控。此外，还应提高个税起征点，现今物价上涨，以往的个税起征点已不适应社会经济发展的需要，应根据现实情况提高个税起征点，真正做到进一步降低中低收入者税收负担，缩小收入差距。例如，新浪微博网友"@异粒子"：税收线要提高，目标要让95%的人满意，少收点也是社会福利，藏富于民，促进消费，提高幸福指数。⑧ "@日月星辰1235"：我觉得怎么才能解决高收入的人逃税才是关键性的问题。⑨ "@大浪淘沙"：如何让真正的富人成为个税的纳税重点，而不是工薪阶层在纳税中占主流（实际上演变成了"工资税"），这才是问题的关键！⑩

最后，该舆情事件中，网民认为个税改革还应考虑到家庭因素，需考虑到家

---

① 新浪微博，"@eyesonKai"，http：//weibo.com/u/1459481201？is_hot=1，采集日期：2016年1月17日。
② 新浪微博，"@惜惜琴德"，http：//weibo.com/twilight6？is_hot=1，采集日期：2016年1月17日。
③ 新浪微博，"@清新飞扬"，http：//weibo.com/u/1832304001？is_hot=1，采集日期：2016年1月17日。
④ 新浪微博，"@IRIS————S"，http：//weibo.com/u/1745753771？is_hot=1，采集日期：2016年1月17日。
⑤ 新浪微博，"@毛茸茸的小舞"，http：//weibo.com/u/2077972383？is_hot=1，采集日期：2016年1月17日。
⑥ 新浪微博，"@占边爱加冰"，http：//weibo.com/0106c？is_hot=1，采集日期：2016年1月17日。
⑦ 新浪微博，"@海阔天高kevin"，http：//weibo.com/u/1083522082？is_hot=1，采集日期：2016年1月17日。
⑧ 新浪微博，"@异粒子"，http：//weibo.com/u/2693585253？is_hot=1，采集日期：2016年1月17日。
⑨ 新浪微博，"@日月星辰1235"，http：//weibo.com/u/3385026330？is_hot=1，采集日期：2016年1月17日。
⑩ 新浪微博，"@大浪淘沙"，http：//weibo.com/u/2611901332？is_hot=1，采集日期：2016年1月17日。

庭平均收入，将个人分别计征改为按家庭合并申报纳税，这一点网民与税收专业研究人员的观点一致。多数网友表示现行个税缴纳以个人为单位的方式不尽合理，个税改革需转变以个人为单位的纳税方式，考虑到家庭因素，实现从个人到家庭为单位申报纳税的转变。例如，新浪微博网友"@异粒子"：需要考虑家庭成员人数，应该按家庭成员平均后的收入征收，有的家庭上有老下有小，就一两个人上班，拼命养多口……合理吗？① "@Wuyoyo同学"：为什么不按家庭征税？两个孩子、四个无业老人要养，是不是应该减税！北上广深买套房，月薪就算两三万也不够还！② "@红星闪闪王成海"：应该按照家庭全员每月总收入的平均数进行缴税，一个人年收入十二万就算高收入？他家要是三口人平均每人才四万年收入，和一个单身人士年收入十二万比起来，公平么？③

五、反思与总结

"年所得12万为高收入"舆情事件发展迅速，在社会上引起了高度的关注和讨论，整体上看，此次舆情事件发展过程中，民众态度发生了明显的转变。此次事件由部分媒体对国务院发布《意见》的误读引发，在舆情发展初期，引起了民众的压倒性批判，网民负面情绪占主流；辟谣后，民众由批判转向对个税改革的讨论，网民正面态度占据主流地位。虽然此次舆情事件持续时间较短，但民众关注度极高，其中，税收专业人员与广大网民针对事件引申出的关于个税改革的讨论以及政府与媒体在事件舆情发展中所发挥的作用值得我们反思。

（一）媒体传播财税信息需谨慎务实，坚持职业操守

媒体作为财税信息的主要传播者，其传递的信息在影响民众情绪上发挥着至关重要的作用。本次舆情事件在社会上引起广泛关注，引发激烈讨论的一个重要前提就是众多媒体对政策进行了误读报道。虽然媒体在该事件舆情发展中后期的辟谣中发挥了重要的作用，但其也是推动此次舆情事件中民众负面情绪产生的罪魁祸首。财税政策本身具有其专业性，普通民众往往缺乏财税专业知识，在政府未对政策做出详细解读的情况下，主流媒体的报道与分析成为百姓了解资讯、评判政策实施效果的主要渠道，因此媒体在作出报道时不应只注重财税事件是否具

---

① 新浪微博，"@异粒子"，http://weibo.com/u/2693585253? is_hot=1，采集日期：2016年1月17日。
② 新浪微博，"@Wuyoyo同学"，http://weibo.com/u/2230648781? is_hot=1，采集日期：2016年1月17日。
③ 新浪微博，"@红星闪闪王成海"，http://weibo.com/u/3216659800? is_hot=1，采集日期：2016年1月17日。

有话题性，更应善于甄别事件本身的真实性，尤其遇到事关每个老百姓的重大问题时，切勿一味追求新闻爆点而肆意渲染、妄加揣测、做出不实报道，各媒体应谨慎务实，坚持职业操守，传递真实信息，避免引起民众恐慌。

（二）突发性集中式负面报道并不可怕，辟谣及时能够实现快热快消

此次"年所得12万为高收入"事件之舆情发展迅猛，在事件前期，民众负面情绪快速积累，舆论场上呈现出压倒性批判的态势。在负面舆情呈现出集中式报道，愈演愈烈之际，政府及时出面辟谣，各媒体在政府发出权威解释后跟进辟谣，舆论场上总体舆情快速扭转民众正面情绪扶摇直上，迅速占据主流。此次舆情事件，政府回应及时、准确，可见在面对突发性集中式的负面报道时，政府及时出面根据事实辟谣能够有效扭转舆情走向，可以实现负面报道快热快消。

（三）关乎民众既得利益政策之颁布，政府需注重信息传递的准确性，避免政策"失真"

财税舆情相对于其他舆情来说本身不热，但当财税政策涉及民众切身利益时往往引发密切关注，因此政府需高度重视信息传递的准确性。对于此次事件来说，我国关于高收入的划定并没有一个明确的标准，这是引发本次舆情强烈的重要原因，我国经济发展存在地区差异，一线城市工资薪金较高，但生活成本大，小城市工资薪金较低，但生活成本小。个税改革强调要重点调控高收入人群，因此其划分的标准需谨慎，应统筹考虑各地区薪资水平与生活成本，切莫中伤中等收入人群。同时，虽然此次事件政府部门出面辟谣及时扭转了舆论走向，但政府积极作为更需防患于未然，在源头遏制可能引发误解之信息的产生，需重视信息传播的准确性，避免政策"失真"。由政策传播过程中"失真"而引发社会各界负面评价丛生进而影响政策实施之舆论环境的事件不胜枚举，因此注重政策传播的准确性成为保障政策平稳推行的应有之义。由本次舆情事件的舆情传播机制分析可知，微博是主力传播阵地，而政府部门在最初辟谣时，则是由财政部、税务总局专家在接受采访时对政策误读进行辟谣，随后才在其官方微博上发表辟谣声明，政府部门并未第一时间利用财税舆情的主力传播阵地——微博。虽然本次舆情事件政府辟谣较为及时，但仍未在谣言初期阶段快速做出反应，而政府及时出面辟谣有助于还原事件真相，抑制负面舆情的发酵，因此，政府部门在树立及时辟谣意识的同时，更要注重辟谣的有效手段的运用，充分发挥微博作为财税舆情发展的主力传播阵地作用。

（四）个税税率级距、缴纳方式、起征点等需进行适当调整

我国现行的工资薪金所得税率结构，为7级超额累进税率，最高税率为

45%，其适用标准过低，现今经济发展日新月异，人民收入来源更加多元，现行的最高税率适用标准相对较低，其适用标准可适当提升，用于真正的高收入人群。同时，关于此次舆情事件，税收专业人员与普通网民均提到个税改革需考虑到家庭因素。我国现行个税制度以分类所得税制为主，可以划分为 11 类个税项目，较为繁杂，未来个税改革可以尝试在减少税率差异的基础上实行综合征收，同时，个税改革也需考虑到家庭因素，将个人分别计征过渡为家庭合并申报纳税。同时，适时增加如教育、养老、房贷利息等专项扣除项目，切实减轻中等收入人群负担。

此次舆情事件前期引起民众压倒性批判的一个重要原因在于统一标准的适用，我国虽然在 2011 年将个税起征点提高到目前的 3 500 元，切实保障了中低收入者的权益，但社会经济发展迅速，民众收入得到了普遍提高，个税起征点也应与时俱进，适应社会的发展。更重要的，我国经济发展地区差异较大，同样的起征点，在小城市可以发挥良好的"济贫"作用，但在一线城市此标准相对较低，因此，制定个税起征点的过程中，不可"一刀切"，需注重地域因素，切实降低中低收入者税收负担，缩小收入差距，建立稳定的"橄榄型"社会，真正实现"藏富于民"。

（作者：洪　磊　刘长喜　张留克）

亡羊补牢，为时未晚

——"新能源汽车骗补"事件舆情分析

导读： 新能源汽车行业作为战略新兴产业，发展伊始就得到国家财政补贴政策的大力支持。然而政府"只给不管"，导致部分新能源汽车企业的骗补行为泛滥。被财政部点名的5家典型骗补企业，在触动公众神经的同时，也引发了我们对新能源汽车骗补的思考。

一、前言

财政补贴是政府为了实现一定的政治目标或经济目标，对可能受到损失的企业或个人进行的一种经济补偿①；亦或是政府用来促进产业发展的激励手段，在产业新兴初期为企业保驾护航，从而规避市场竞争带来的风险。

近年来，新能源汽车一直是国家大力扶持的战略性新兴产业，为促进新能源汽车领域的创新发展，国家投入大量的财政补贴和政策优惠予以支持。从补贴主体上看，新能源汽车行业的财政补贴主要分为中央财政补贴和地方财政补贴，"中央财政对购买新能源汽车给予补助，实行普惠制"②，地方的财政补贴办法相对多样，北京、福建等地方政府按照国家标准实行1:1的补偿比例，青海省政府按照1:0.5的比例进行补贴。从补贴对象上来看，财政补贴的对象集中于新能源汽车的消费者，补贴产品包括纳入《新能源汽车推广应用工程推荐车型目录》的纯电动汽车、插电式混合动力汽车和燃料电池汽车③。

但是政府对新能源汽车行业的财政补贴政策在实施过程中也受到不少诟病，比如政府的补贴集中于整车企业，而不是针对电池、动力等关键零部件④等问题一直是媒体关注的焦点，最近由经济观察网曝光的新能源汽车骗补事件更是将财

---

① 左少君：《财政补贴基本类型及其效应的模型分析》，载《财政监督》2010年第23期。
②③ 《关于2016~2020年新能源汽车推广应用财政支持政策的通知》，http://jjs.mof.gov.cn/zhengwuxinxi/zhengcefagui/201504/t20150429_1224515.html，采集日期：2016年9月28日。
④ 金欢：《新能源补贴政策遭质疑三大问题悬而未决》，http://business.sohu.com/20100827/n274513026.shtml，采集日期：2016年9月28日。

政补贴这一话题推上风口浪尖,一时间,媒体和网民纷纷关注此事,推动整件舆情事件走向高潮。

二、舆情发展生命周期

(一)事件发酵期:历时两个季度的漫漫调查路

新能源汽车骗补事件的舆情发酵期较长,最早由线上媒体曝光。2016年1月17日,经济观察网发布了一篇题为《消失的新能源车:烫手的灰色骗补产业链》的报道,犀利指出在新能源汽车行业存在很多企业骗补的情况①;曝光之后,政府部门及时介入,工信部率先于1月21日在其网站上发布了题为《关于开展新能源汽车推广应用核查工作的通知》,并表示将联合财政部、科技部和发展改革委对新能源汽车推广应用实施情况和财政资金使用管理情况进行专项核查;2月1日,财政部召开新能源汽车推广应用补助资金专项检查的视频会议,首次披露新能源汽车骗补调查细节;3月21日,工信部部长苗圩在中国发展高层论坛上证实存在企业骗补行为;4月6日,工信部某权威人士表示国务院已经亲自牵头调查新能源汽车骗补一事;7月6日,国务院国资委主任肖亚庆在新能源汽车产业发展座谈会上表示,国务院总理李克强已就新能源汽车推广应用督查报告作出批示,要求严肃惩处骗补行为并完善相关制度。在此阶段,"新能源汽车骗补"事件并没有引起大范围的报道和讨论,网民对此事的关注较少,网络舆情尚处于发酵阶段。

(二)矛盾激化期:财政部点名通报引热议

随着新能源汽车行业的调查结果的出炉,新能源汽车骗补事件瞬间吸引了舆论焦点,一时间舆论热议激增。9月8日,财政部官网上公布了《关于地方预决算公开和新能源汽车推广应用补助资金专项检查的通报》(简称《通报》)。《通报》指出,企业的骗补行为确实存在,并点名了五家企业典型骗补企业。同时,《通报》发布了对存在骗补行为的新能源汽车企业的惩罚措施。财政部的雷霆出击,迅速引发了大量的舆论关注,主流媒体纷纷报道,网民对此次事件的关注度激增,形成舆论热潮。

(三)舆论反思期:良性引导是重点

9月12日,不少新闻媒体转向对新能源汽车骗补事件的反思,不少媒体除

---

① 高珊:《消失的新能源车:烫手的灰色骗补产业链》,http://auto.cnr.cn/gdbkxw/20160118/t20160118_521158326_4.shtml,采集日期:2016年9月28日。

了披露新能源汽车骗补内幕之外，更多地开始反思此次事件暴露出来的问题。网易财经发表的《新能源汽车"骗补"风波背后，不如拿良性引导拯救粗暴补贴》[①]一文，就探讨了在目前新能源汽车技术不成熟导致消费市场狭窄的情况下，简单对新能源汽车的价格进行财政补贴的手段反倒难以实现预期目标，中国应该借鉴日本和美国的成功经验，尝试运用市场手段来引导新能源汽车行业的技术革新，从而刺激公众的消费需求，并且将财政补贴投放到配套的充电设施上去，解决公众购买新能源汽车的后顾之忧。

图1是新能源汽车骗补事件的微博走势图，关于"新能源汽车骗补"事件的微博数从9月8日开始急速上升，到9月9日达到最高峰3 520[②]条，之后网民对此次事件的关注热度渐渐消退，微博数持续下滑；9月12日，随着媒体开始回顾反思新能源汽车骗补事件，关于该事件的微博数出现了一定的回升，但是总体上关注热度维持在较低的水平，此次事件逐渐退出公众视野。

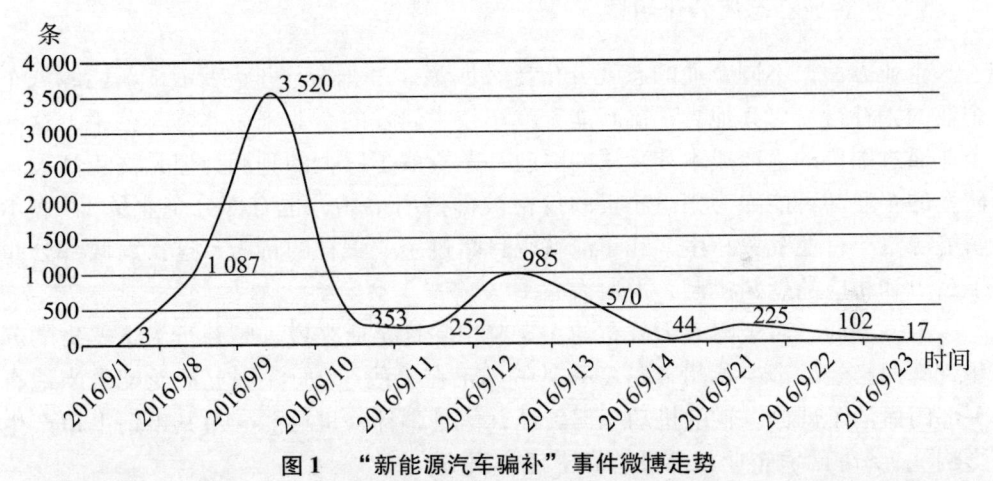

图1 "新能源汽车骗补"事件微博走势

资料来源：上海开放大学信息安全与社会管理创新实验室数据采集系统，采集日期：2016年9月23日。

三、舆情参与主体角色分析

（一）政府：亡羊补牢，为时未晚

相比于以往政府在处理舆情事件中的不作为和不积极作为的处理方式，政府

---

① 《新能源汽车"骗补"风波背后，不如拿良性引导拯救粗暴补贴》，http://money.163.com/16/0928/09/C21QHAGQ002580S6.html，采集日期：2016年9月23日。
② 上海开放大学信息安全与社会管理创新实验室数据采集系统，采集日期：2016年9月23日。

在此次舆情事件中的表现可以说是非常亮眼,从经济观察网发布新能源汽车行业存在骗补行为的报道开始,政府就及时做出反应,四部委联合组成调查组对新能源汽车企业开展调查,直接对骗补行为严重的 5 家典型企业采取了相应的惩罚措施,有力地彰显了政府的权威。

在此次舆情事件中,政府表现出了非常强硬的态度,部委发言人多次表示将严惩企业的骗补行为。从启动对新能源汽车企业的调查开始,针对新能源汽车骗补事件,工信部、财政部发言人一再表示将严厉追究,严肃惩戒。9 月 8 日财政部公布的《关于地方预决算公开和新能源汽车推广应用补助资金专项检查的通报》中明确指出,对于骗补行为恶劣的 5 家典型企业,将取消这 5 家企业的中央财政补贴资格,对于骗补行为恶劣的苏州吉姆西企业,财政部还取消了其整车生产的资格,并向其追回部分财政补贴。从此次政府对新能源汽车的调查、结果发布、惩罚办法来看,政府的态度非常强硬,对骗补的企业进行了严厉处置。

(二)企业:态度分化明显

企业方面,不同企业的态度分化比较明显。一部分企业[1]表示,新能源汽车企业的骗补行为对其他真正搞新能源汽车技术研发的企业来说非常不公平,这些企业通过廉价的生产成本和高昂的财政补贴攫取了巨大的利润,但是真正高技术研发的企业却可能因为稍微昂贵的价格被排挤出市场,也有部分企业员工[2]表示新能源汽车行业乱象丛生,几年前就曾目睹过企业骗补的行为,这次财政部公布了名单和相应的惩罚机制,大快人心。

另一方面,对于财政部公布的 5 家典型骗补企业来说,骗补行为最恶劣的苏州吉姆西已经停产,苏州金龙表示现在"正在整改",而深圳五洲龙配合当地有关部门撤消了部分车辆的机动车驾驶证,但是骗补一事可能会对其申请上市产生影响[3],另外两家企业目前没有做出任何回应。

还有一些不在财政部公布的名单上的企业也被迫卷入这场风波,针对骗补传闻纷纷表示并没有骗取中央财政补贴,这主要是因为此次新能源汽车骗补名单的公布只是公布了 5 家骗补行为恶劣的企业,但是坊间疯传还有一份 72 家新能源汽车骗补企业的名单,虽然没有得到政府的回应,但是引发了网民对其他新能源汽车企业是否存在骗补行为的怀疑,比如宇通客车 9 月 9 日针对骗补传闻进行回

---

[1] 《新能源车骗补内幕:空壳公司轻易套取上亿补贴》,http://auto.qq.com/a/20160118/028487.htm,采集日期:2016 年 9 月 28 日。

[2] 刘晓林、刘俊晶:《新能源车行业的骗补者》,http://www.eeo.com.cn/2016/0116/282487.shtml,采集日期:2016 年 9 月 28 日。

[3] 《五洲龙遭遇骗补与起火事件仍坚持 IPO 上市进程或受阻》,http://finance.sina.com.cn/roll/2016-09-22/doc-ifxwermp3559138.shtml,采集日期:2016 年 9 月 28 日。

应，发布称"宇通不存在任何'标实不符'的情况，也从未接到过任何处罚通知"[1]，比亚迪公司发言人也回应称"未收到任何关于公司涉及新能源骗补的处理或处罚决定"。

（三）专家：反思财政补贴政策的存废

随着新能源汽车骗补事件的不断升级，不少专家学者借助媒体发声，对财政补贴政策进行深度反思，针对财政补贴政策的存废问题产生了很大的分歧。一方面，部分专家表示中国对新能源汽车行业的财政补贴政策需要废除，比如中国社会科学院财经战略研究院研究员杨志勇[2]从新能源汽车的补贴意义和补贴效果两个方面质疑新能源汽车行业的财政补贴是否有必要存在，提出现有的财政补贴会对新能源汽车行业的发展产生负面效果，阻碍正常的市场竞争。

另一方面，部分专家学者对中国的财政补贴政策持正面态度，认为中国新能源汽车行业的发展离不开财政补贴的扶持，但是现有的财政补贴政策需要进行调整和完善。一些专家表示在财政补贴政策制定之初，政府并未意识到该项政策可能存在的漏洞，以至于在政策实施过程中，不少企业钻了政策的空子，非法获利。新能源汽车骗补事件就直接暴露了政府在顶层设计之初存在的问题，所以需要对现有的财政补贴政策进行完善。北京汽车行业协会常务副会长马童立表示，"作为新兴产业，伴随着新能源汽车的深入发展及所呈现出来的一系列问题，仍需要国家政策层面给予积极指引，依靠顶层设计来引导新能源发展"[3]。

还有一些专家引用了美国、加拿大、日本等国家新能源汽车行业的发展政策，表示中国现有的财政补贴政策过于简单粗暴，很容易让企业产生"软骨病"，对财政补贴政策形成依赖。中国现在的财政补贴主要是放在生产环节，补贴的对象是生产出新能源汽车的企业，而国外一些国家主要是在充电设施方面实行政府补贴，一定程度上避免企业通过钻政策的漏洞来非法获利，所以中国新能源汽车行业的发展需要财政补贴政策在补贴的环节和对象方面进行调整，避免企业有投机取巧的可能。比如北京交通大学教授赵坚指出，"消费补贴的政策初衷是培育初期市场，但如果没把握好尺度很容易让企业患上对政策的依赖症。现在一些新能源车企业对政府补贴政策过度依赖，紧盯政策去设定产品，在决策产品开发

---

[1] 伍康：《宇通回应骗补传闻：不存在任何标志不符情况》，http：//www.yicai.com/news/5097828.html，采集日期：2016年9月28日。

[2] 杨志勇：《新能源汽车补贴还有存在的必要吗》，http：//www.ceweekly.cn/2016/0922/164942.shtml，采集日期：2016年9月28日。

[3] 马童立：《顶层设计决定新能源汽车发展》，http：//auto.sohu.com/20160902/n467410138.shtml，采集日期：2016年9月28日。

时，受到很强的补贴导向，缺乏技术研发和产业升级的动力和压力"[①]。北京理工大学电动车辆国家工程实验室、机械与车辆学院副教授孙立清认为，"政策应向使用层面倾斜，之所以存在非常严重的骗补行为，是因为政策过于注重电动汽车生产端。要推动电动汽车产业更好发展，要从降低电动汽车使用成本上着手"[②]。

但是也有部分专家认为在新能源汽车行业的发展初期，国家需要通过财政补贴政策来对新能源汽车行业进行扶持，但是随着新能源汽车行业逐渐走入正轨，国家的财政补贴手段要逐渐退出，让新能源汽车企业在市场化的环境中实现优胜劣汰，竞争出真正优秀的企业。财政部官网于2015年4月22日发布的《关于2016~2020年新能源汽车推广应用财政支持政策的通知》中就指出"2017~2020年除燃料电池汽车外其他车型补助标准适当退坡，其中：2017~2018年补助标准在2016年基础上下降20%，2019~2020年补助标准在2016年基础上下降40%"[③]，也变相支持了这一部分专家的意见。

（四）网民：负面情绪高涨，批评与建议并存

自9月1日到9月23日，关于"新能源汽车骗补"事件的微博话题总共有19 878条，其中与"新能源汽车骗补"一词相关的微博数有8 653条，其中52.2%的网民呈现出负面的态度，通过内容分析法，本文对采集到的1 200条负面评价进行梳理后发现，网民对新能源汽车骗补的负面情绪主要集中于骗补行为本身的不道德性、惩罚措施太轻、监管环节存在漏洞和官员寻租情况、骗补企业信息没有透明公开、财政补贴政策本身等几个方面。

一部分网民谴责了新能源汽车企业骗补行为，"蛀虫"、"骗纳税人的钱"、"（骗补企业）没有利益没有底线"等言语表明网民对新能源汽车骗补一事的负面情绪比较激烈。也有部分网民表示政府对骗补企业的惩罚手段太轻，应该使用刑罚手段，新浪微博用户"@峰达上"表示"骗补应为侵占国家财物的犯罪行为，应追究企业法人刑事责任。不能用整改，罚款等行政处罚代替刑罚"。

另外，有网民认为目前中国的监管环节存在重大的漏洞，监管部门严重失职，甚至有网民质疑新能源汽车骗补中可能存在政府官员庇护汽车公司、获得寻租的情况，新浪微博用户"@太行晨星——战略规划和技术创新"表示"他们为什么能骗？还不都是因为政府有内鬼"，这类评论不断涌现，也得到了比较多

[①] 黄康：《骗补现象屡禁不止新能源汽车发展遭遇"多重难题"》，http：//finance. huanqiu. com/roll/2016-03/8781251. html，采集日期：2016年9月28日。

[②] 王凌方等：《盼新能源汽车"满电"再前行》，http：//news. ddc. net. cn/newsview_69139. html，采集日期：2016年9月28日。

[③] 《关于2016~2020年新能源汽车推广应用财政支持政策的通知》，http：//jjs. mof. gov. cn/zhengwuxinxi/zhengcefagui/201504/t20150429_1224515. html，采集日期：2016年9月28日。

的点赞。

除此之外，坊间疯传的一份72家企业骗补名单《国内新能源汽车制造企业骗补和违规谋补汇总表》也引起了很多网民的注意，部分网民疑惑为什么财政部没有公布对其他企业骗补情况的调查结果，对财政部信息未全面透明公开的做法表示不满，甚至有网民怀疑骗补行为是全行业性的。比如网民"@不是你爸爸"发表评论表示，"为何不公布骗补车企其余名单？？不好意思？？因为太多了？？？"网民"@97pnba3iea"对此次舆情事件表示"集体作案，触目惊心"，网民"@腹愁者练嘈"认为这是"全行业性行为，类似当年的三聚氰胺"。

针对新能源汽车骗补事件，有39.0%的网民态度倾向比较正面，本文同样通过内容分析法对抽样得到的1 200条微博进行分析，可以发现，网民侧重于针对此次舆情事件提出一些建议，态度相对比较温和，比如网民"@pb工作室"认为"补贴最应该直接精准到电池，而不是整车。一开始方向就弄偏了，这才会有骗补"，网民"@情洒雨花石"提出"首先制定这个补贴目的是什么要搞清楚，补贴的初衷应该是对科技创新的一种鼓励方式，而不是以生产了多少车来补贴，应该设一二三等奖，每个季度评选"①，等等，这些评论表现出部分微博网民对新能源汽车骗补事件进行了更深入的思考，不是单纯地发泄不满。

四、反思与建议

虽然政府在此次新能源汽车骗补事件中果断出击，对新能源汽车企业进行了调查，并公布了调查结果和惩罚措施，但是不可否认，政府仍旧有进步的空间。首先，政府需要进一步增强责任意识，积极承担责任。事实上在此次骗补事件中，政府既没有在政策设计之初制定出完善的财政补贴政策，以致企业有空可钻，也没有能够在政策实施过程中加强监管，监管部门的失责使得企业的骗补行为没有及时曝光在阳光之下，以致骗补行为愈演愈烈，所以封堵政策的漏洞和加强监管，政府责无旁贷。其次，政府需要进一步加大信息公开，推进政务阳光透明。能否透明地传递给公众，也决定了政府能否构建政府的公信力。《国内新能源汽车制造企业骗补和违规谋补汇总表》在网上疯传，不少网民深信不疑，甚至对政府的决策产生了强烈的质疑，怀疑政府可能为了包庇腐败群体而没有公布真正的骗补企业，扔出来的都是一些小虾米，这些毫无疑问地降低了政府在公众心中的公信力。最后，政府需要构建政府、企业和公众多主体的共同监督，完善监督体系，增加企业和公众的监督可以帮助政府肃清行业中的部分害群之马。这次新能源汽车骗补事件就是被媒体曝光之后引起了政府的注

---

① 新浪微博，采集日期：2016年9月28日。

意，从而政府开始了对新能源汽车行业的调查处理。所以，针对此次舆情事件，我们需要汲取这些教训。

（一）扶植企业不能"只给不管"

新能源汽车企业之所以能够骗取巨额国家财政补贴，与以下两方面不无关系：一方面政府财政补贴政策设计不完善，存在漏洞可钻，另一方面政府的监管部门没有发挥监管职能，难怪企业能够大摇大摆实施拙劣的骗术，骗取巨额财政补贴。此次新能源汽车骗补事件也反映了上述两方面的问题。首先，政府在制定新能源汽车行业的财政补贴政策时存漏洞，即高昂的补贴和简单的补贴标准，部分利欲熏心的企业抓住这一点成功地牟取了暴利。另外，此次舆情事件是一起由政府发起对新能源汽车行业的整改运动。通过对新能源汽车骗补事件的分析，可以看出，5家典型骗补企业能够成功骗补，与政府的监管部门失职有直接关系，监管部门的缺位为企业的骗补行为大开方便之门，新能源汽车企业申报财政补贴需要经过从地方到中央的层层审核，但是这层层的把关都没有检测出任何问题，企业的骗补行为就这样成功施展，不能不让人质疑监管部门是否形同虚设，未能履行监管职责。

政府不能做企业的"提款机"，财政补贴取之于民，政府应当用之有道，管理有方。尽管新能源汽车行业在产业发展离不开完善的政策扶持，但是国家扶植战略产业发展，不能仅发挥"提款机"的功能，以优惠条件给企业进行各类财政补贴，而是既要进行周密的统筹规划，在顶层设计之初制定完备的扶持政策，又要强化市场监管职能，对发放给企业的财政补贴来源、去向、用途进行严密管理，地方政府更要切实履行监管职责。因此，政府在制定财政补贴政策的时候，要考虑到问题的方方面面，权衡利弊之后再做决策，尽量制定完善的政策，以防不法企业有可乘之机。同时，要加快修补现有的新能源汽车补贴政策，弥补现有补贴政策的漏洞。另外，政府的监管部门也要履行好自己的职责，加强对企业的监管，及时曝光企业的违法行为，帮助新能源汽车行业构建干净的行业环境。政府只有提前做好统筹规划，并切实履行监管之责，双管齐下，将篱笆扎得牢固，才不怕骗补企业钻空子，避免骗补企业有机可乘。

（二）百尺竿头尚需更进一步

信息公开透明是保障公众知情权、参与权、监督权的重要手段，也是推动民主政治建设的加速器。尽管截止到目前，政府构建了线上线下平台来公开发布政务信息，公开渠道更为多元，相比过去政府不公布政务信息的方式来说，有了比较大的进步，但是仍然存在政务信息公开不全面、不彻底的问题，扑朔迷离、遮遮掩掩的政务信息，反倒加剧了公众对政府的不信任感。在此次舆情事件中更是凸显了这一点。纵观此次新能源汽车骗补事件，政府曝光5家典型骗补的企业，确实收到了一片赞誉，但是也遭到网民质疑的是为什么没有曝光这5家典型骗补企业的具体的骗补细节，而是简单地通报了5家企业名单及相应的惩罚措施？是否真的只有这5家企业骗补，其他企业是否真的不存在骗补行为？遗憾的是，政府方面并没有对此进行回应，这也导致在公众之间谣言迅速滋生，部分网民偏听偏信。从根本上而言，上述局面产生的症结还是政府向公众公开的内容不实效，政务信息并没有切实做到公开透明。

回顾政务信息建设可以发现，完备全面的政务信息公开渠道已经建立，政府的新闻发言人召开新闻发布会、搭建政务"两微一端"（微博、微信、客户端）、建设政府官方网站等等多元方式助推政府公开政务信息。信息公开机制完备但是缺乏实效，因此，政府应当建立起有效的信息公开机制，传递具备实效的信息给公众，而不是遮遮掩掩，在网络领域传播和放大主流声音，减少信息不对称带来的谣言乱象，赢得群众对政府的信任与支持。另外，在信息传递内容方面，政府要在法律规定的范围内尽可能做到全面详实地披露政务信息，而不能仅向公众传递片面的、碎片式的信息，尤其是针对敏感信息、重大热点事件，政府更要做到及时全面公布，只有这样才能消除谣言，化解矛盾与危机。对政务信息"秘而不宣"、"宣而不全"的行为反倒使群众更加怀疑和困惑政务信息的真实性和权威性，对政府的信任程度下滑，对于公开政务信息的政府来说，可谓是得不偿失。总体来看，政府信息披露和公开要更加积极、更加坦诚，积极回应群众关切，主动塑造政府公信力，实现权力与权利的良性互动。

（三）共同监督，肃清企业"害虫"

随着现代民主进程的不断推进，公众对知情权、参与权、监督权的要求日益高涨，政治参与的热情愈发高涨，公民的社会责任意识不断增强，在此基础上，顺应公众需求、回应公众关切成为新时期政府执政的新要求。公众借助新闻媒体和网络等各种途径来表达诉求和发表见解，形成强大的舆论，对危害社会公平正义的行为进行监督，可以倒逼政府进行纠察与反思，因此，公众监督能够有效降低政府的监督成本，提高监督效率，对于促进企业良性发展和政府改进公共管理具有重要作用。结合此次舆情事件，可以看出，政府更应该加强公众监督，发挥公众监督的功能。新能源汽车骗补一事之所以能够被政府察觉，主要还是因为《经济观察报》对新能源汽车骗补的事情进行了报道，给政府部门提了醒，政府才能开展后续的调查和整治，将新能源汽车行业中的害群之马清除出去。由此可见，公众实际上也能够作为政府的眼睛，看到很多政府看不到的不法企业，帮助政府进行监督。

加强公众监督，能够实现对行业中的企业非常全面有效的监督，将一切不法行为暴露在阳光下，为政府识别和纠察行业中的违法企业提供助力，清理破坏新能源汽车行业发展的"害群之马"，营造干净的行业发展环境，推动行业实现跨越性的进步。公众监督能够有效减少不法行为，对违法企业形成一种强大的威慑，使其不敢轻易违反法律，在肃清行业"害虫"方面，成效甚为显著。另外，公众监督也能够有效补充组织内部自我监督的不足，公众监督既是发挥社会民主的重要途径，同时也是约束一切不法行为的有效方式。因此，必须重视公众监督在社会中的作用，社会公众的监督无论是对发现和纠正违法违纪行为，还是对违法违纪问题的整改，都具有重要作用。与此同时，政府部门也要充分肯定公众在监督工作中的重要地位，重视公众监督的热情和斗志，建立健全公众参与监督的机制，这对于帮助政府发现违法企业、促进政府做好纠察工作、推动政府改进管理方式和管理办法、构建和谐公正的社会主义社会具有十分重要的意义和作用。

（作者：范丹阳　洪　磊　刘长喜）

"久旱逢甘霖"

——"中央财政科研资金管理改革"舆情事件分析

导读：政策的完善不可能一蹴而就，中央财政科研资金管理改革亦是如此——从2006年的《纲要》制定，历经为期10年的漫长调整，再到现今的制度完善。不难发现，此项政策在简化预算编制、取消劳务费比例、加大激励力度等方面多点开花，切实做到对症下药，因此得到了科研人员的广泛好评。同样值得注意的是，有关部门应当尊重业外人士意见，为政策的进一步完善做好准备。

一、前言

科研经费报销素来以报销手续繁杂、程序较多、时间过长等饱受诟病，很多大学教授、科学家等科研人员在获得项目经费的同时，也往往因其经费报销等环节中的诸多问题被逼成了"会计"，不能专心从事科研活动。经费报销前到处搜集发票，绞尽脑汁编写预算与方案的现象普遍存在，项目资金到位晚，突击花钱，花不完被收回等也是司空见惯。财政科研资金报销过程中存在的这些问题已经成为制约科研事业健康发展的绊脚石，亟待解决。

关于财政科研资金的管理，政府出台过一系列政策，首先是《国家中长期科学和技术发展规划纲要（2006～2020年）》，此纲要自实施以来，我国财政科技投入快速增长，科研项目和相关资金管理方式不断改进，为我国科技事业的快速健康发展提供了有力保障；但同时在开展科研工作过程中也存在项目安排分散重复、管理不够科学透明、资金使用效益亟待提高等突出问题。基于上述问题，2014年3月3日，国务院印发《关于改进加强中央财政科研项目和资金管理的若干意见》，但未能收到预期的成效，科研经费报销难，不得不突击花钱等痼疾仍然存在。2016年7月31日，中共中央办公厅、国务院办公厅印发了《关于进一步完善中央财政科研项目资金管理等政策的若干意见》，以期解决财政科研资金管理方面存在的诸多问题，并发出通知，要求各地区各部门结合实际认真贯彻落实。

此次改革，主要以调动科研人员积极性和创造性为出发点和落脚点，提出一系列制度创新举措，扩大高校、科研院所科研项目资金的管理权限，意在切实增强科研人员的成就感和获得感，助燃科技创新。

表1　　　　　　　　中央财政科研资金管理改革主要亮点

1. 简化预算编制科目，下放调剂权限，将直接费用中会议费、差旅费、国际合作与交流费合并为一个科目
2. 加大对科研人员的激励力度，取消绩效支出比例限制、提高间接费用比重
3. 下放差旅会议费管理权限，给高校和科研院所更大自主权
4. 明确劳务费开支范围和标准，重申劳务费不设比例限制
5. 设"科研财务助理"、为科研人员简除烦苛、松绑减负
6. 年度剩余资金可结转下年使用

针对常见的科研资金管理问题，此次改革做出了"以人为本"的转变，例如，对于绞尽脑汁编写项目经费预算和方案、报销难的问题，本次改革设"科研财务助理"力求解放科研人员，为科研人员在项目预算编制和调剂、经费支出、财务决算和验收等方面提供专业化服务。此一转变意在"让专业的人做专业的事"，把科研人员从繁琐的行政事务中解放出来；针对科研项目资金管理"过细过死"的问题，此次改革简化预算编制科目，下放调剂权限，对一些科目合并"同类项"，将直接费用中会议费、差旅费、国际合作与交流费合并为一个科目；针对这个项目资金不够用，那个项目资金却花不完，项目资金下半年才拿到，年底花不完就要被退回，许多单位不得不在年底突击花钱的问题，此次改革规定在科研项目实施期间，年度剩余资金可以结转下一年度继续使用，当年的钱花不完不用收回。项目完成预定任务目标并通过验收后，结余资金按规定留归项目承担单位使用，并可在2年内可以统筹安排用于科研活动的直接支出，而2年后仍未使用完的，则按规定收回。

此次中央财政科研资金管理改革涉及科研资金使用的多个环节，复杂而又全面，对于饱受经费报销折磨的科研工作者来说可谓是久旱逢甘霖。因此，本文以此次舆情事件为案例，分析广大网民特别是科研工作者的态度和反应，为政策的进一步完善提供参考。

二、舆情事件综述

（一）舆情波动分析

2016年7月31日，中华人民共和国中央人民政府网站颁布了中共中央办公厅、国务院办公厅印发《关于进一步完善中央财政科研项目资金管理等政策的若干意见》,"中央财政科研资金改革"财税事件走进公共视野,由此引发舆论热潮。在短时间内,即8月3日,舆论达到高潮,随后,互联网上关于该事件的舆论热度开始下降,并逐渐下降至7月31日之前的水平(见图1)。

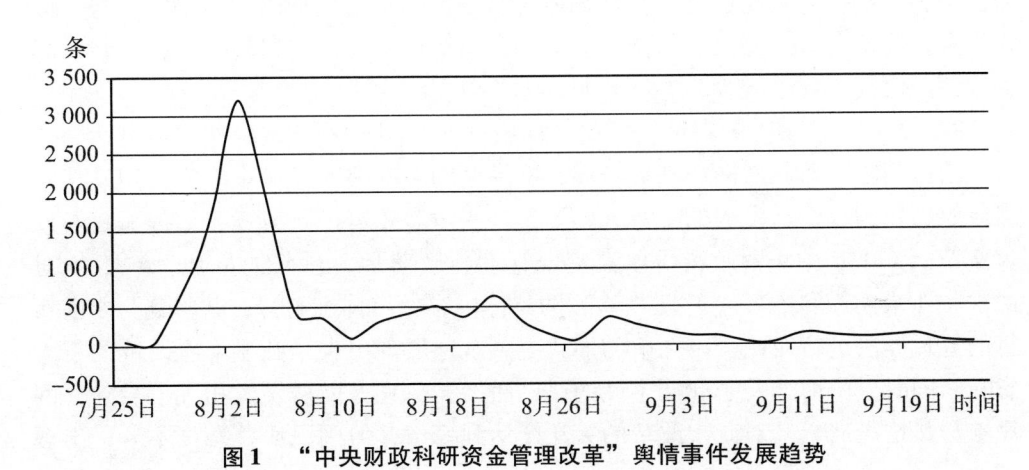

图1 "中央财政科研资金管理改革"舆情事件发展趋势

资料来源:上海开放大学信息安全与社会管理创新实验室数据采集系统,采集日期:2016年9月23日。

此次"中央财政科研资金管理改革"舆情事件发展过程,呈现出周期短、波动大、发展迅猛的特点,事件舆情由事件本身直接引爆,舆情酝酿过程极短,直接引起广泛关注,迅速达到舆论顶点之后,也较为迅速的趋于平淡。

(二)舆情发展过程分析

本次"中央财政科研资金管理改革"舆情事件发展较为迅猛,大致可以分为两个阶段,即瞬间引爆阶段、逐渐消退阶段

1. 瞬间引爆:政府无预兆颁布政策、瞬间引爆舆论。7月31日晚,中共中央办公厅、国务院办公厅印发了《关于进一步完善中央财政科研项目资金管理等政策的若干意见》①,并发出通知,要求各地区各部门结合实际认真贯彻落实,由此"中央财政科研资金改革"事件正式走入公众视野。但是由于中央政府门户网站是在晚上发布的相关政策和文章,除了政府本身转载之外,媒体的相关报道数量较少。

8月1~2日,各主流媒体开始发力,纷纷报道政府的此次改革措施,几乎

---

① 《关于进一步完善中央财政科研项目资金管理等政策的若干意见》,http://www.gov.cn/zhengce/2016-07/31/content_5096421.htm,采集日期:2016年9月27日。

所有媒体均对该事件进行正面报道,如新浪财经发表文章《科研人员必看!中央财政科研项目资金管理改革落地,都有哪些实招?》①,每经网发表文章《中央财政科研经费使用松绑今后"打酱油的钱可以买醋"》②,中国财经发表文章《中央财政科研项目资金改革有哪些亮点》③ 关于此次改革的文章开始大量出现,新闻原创与转发都占有较高的比重,且媒体对该事件的态度呈现出一边倒的态势,即大力宣传改革所带来的益处。微博上关于此次事件的舆论,以转发为主,转发相关政策或解读,评论较少,态度鲜明,主要以支持为主。

8月3日,该事件的舆情发展到了顶峰,互联网上关于该事件的报道达到峰值,腾讯新闻、凤凰新闻、搜狐新闻、网易新闻、新浪财经等主流门户网站在转载政府颁布的政策与发表的文章基础上,进一步对政策进行解读,如搜狐财经发表文章《来啦!中央财政科研项目资金管理新政落地,科研人员必看》④,均对此次"中央财政科研资金管理改革"的具体内容作出详细解释,并将其与之前实行的管理办法进行对比,以图解的形式更直观地展现出来,凸显本次改革的重大意义。同时,微博上关于此次事件的讨论激增,除官方微博转发相关信息外,网民参与热情高涨,其对此次改革的关注度达到峰值,但网民所持态度不一,出现了"这个改革不错""确实应该!科技兴国靠人才""早该如此,没有技术创新,哪来的经济发展?"等大量表明支持态度的字眼,但同时也出现了类似于"……把钱放自己口袋了"等少数负面的评论。

2. 逐渐消退:媒体与网民关注度均下降,舆论热潮消退。8月5日之后,互联网上关于该事件的报道与讨论逐渐减少,到8月11日,社会舆论整体已基本下降至改革之前的水平,新闻媒体与微博网友对该事件的关注度普遍下降,在该事件舆情消退阶段,财政部、科技部、教育部、发展改革委四部门负责人就《关于进一步完善中央财政科研项目资金管理等政策的若干意见》答记者问,但社会舆论不大,各媒体以转发为主,微博上网民对该事件的参与度也逐渐下降,事件后期舆情虽有波动,但整体来看该事件的社会关注度下降,舆情逐渐消退。

---

① 《科研人员必看!中央财政科研项目资金管理改革落地,都有哪些实招?》,http://finance.sina.com.cn/roll/2016-08-01/doc-ifxunzmt1978781.shtml,采集日期:2016年9月27日。

② 《中央财政科研经费使用松绑今后"打酱油的钱可以买醋"》,http://www.nbd.com.cn/articles/2016-08-01/1027083.html,采集日期:2016年9月27日。

③ 《中央财政科研项目资金改革有哪些亮点》,http://finance.china.com.cn/roll/20160801/3837970.shtml,采集日期:2016年9月27日。

④ 《来啦!中央财政科研项目资金管理新政落地,科研人员必看》,http://mt.sohu.com/20160803/n462285151.shtml,采集日期:2016年9月27日。

三、舆情涉事主体分析

本次"中央财政科研资金管理改革"事件涉及的主体具有其特殊性,即涉及对象为专业科研人员,科研人员对本次改革的态度和评价具有典型的代表性,而普通民众则是站在旁观者的角度审视本次改革,因此本文主要分析的舆情对象为科研人员与普通网民。本研究对科研人员与网民对此次事件的评论进行抽样,对其评价内容进行类型分析,以求得出两者对此次舆情事件的整体态度。

(一)科研人员:赞扬不断、仍有不足

本次"中央财政科研资金管理改革"事件,科研人员作为政策的主要受众,其对本次改革呈现出一边倒的支持态势,赞扬声不绝于耳,认为本次改革在制度上祛除了之前存在于科研经费管理中的一系列弊病,对科研工作者来说是一项切实的福祉,对改革后的实际运行效果充满期待,科研工作者对本次改革的赞扬主要体现在如下四个方面。

1. 赞扬:多点开花、助力科研。

(1)改革简化预算编制科目,使"打酱油的钱可以买醋",增强了科研创新的动力。改革简化了预算编制科目,合并"同类项",科研人员在编制这部分预算时不再具体到细枝末节即可;改革进一步下放了科研项目的预算调剂权,也就是在科研项目总预算不变的情况下,直接费用中的多项科目预算都可以由项目承担单位自主调剂,使得"打酱油的钱可以买醋",从而增强了科研创新的动力。

例如,中国科学院青藏高原研究所所长姚檀栋认为:本次改革使"打酱油的钱可以买醋",这是以人为本的体现;改革指出要下放科研经费管理权限,调动科研人员积极性和创造性,这将有利于引导、催生重大科研成果的产生。现任中国科学院院士杨乐也对本次改革持高度赞赏态度:本次改革扩大了财政科研资金使用上多方面的管理权限,做到了简政放权,这是适应当下社会科研实际需要的转变。中国财政科学研究院副院长白景明认为:本次改革是符合社会发展需求的切实的有为之举,改革进一步将科技创新推动到至关重要的位置,旨在形成充满活力的科技管理和运行机制,建立符合科技创新规律的资源配置方式,通过"放管服"结合,为科研人员潜心研究营造良好环境[①]。

(2)劳务费不设比例限制,让科研人员更有成就感和获得感。本次改革进一步明确了劳务费开支范围,对劳务费各项比例不设定强制性的限制,参与项目研

---

① 《详解中央财政科研项目资金改革》,http://www.cfen.com.cn/dzb/dzb/page_3/201609/t20160901_2409935.html,采集日期:2016年9月27日。

究的多类主体均可开支劳务费；改革后劳务费预算不设比例限制，劳务费由科研项目承担单位和科研人员根据实际状况编制，这一改变大大增强了科研人员的成就感与获得感。

例如，全国政协委员、中国科协原党组副书记、副主席齐让认为：科研工作要想做好，科技之花要想结出丰硕的果实，其前提是必须充分调动科研人员的积极性，同时，本次改革后劳务费不设比例限制，使之前普遍存在的科研项目聘用的非编制人员的劳务费支出问题得到解决①。杨乐对劳务费不设置比例限制的转变也赞赏有加，认为：本次改革中劳务费不再设置比例限制的转变，使参与科研项目的研究生、博士生、访问学者以及项目聘用人员等均可按规定开支劳务费，之前存在的劳务费比例问题将不复存在，这大大提升了科研人员的成就感，有利于科研事业的蓬勃发展②。

（3）提高间接费用比重，取消绩效支出比例限制，加大了对科研人员的激励力度。本次改革提高了科研经费中间接费用的比重，进一步加大绩效激励力度。《意见》指出中央财政科技计划中实行公开竞争方式的研发类项目，均设立间接费用，核定比例可以提高到不超过直接费用扣除设备购置费的一定比例；改革也取消之前的绩效支出比例限制，绩效支出安排将与科研人员在项目工作中的实际贡献挂钩，这在制度层面上维护了科研人员的利益，本质上加大了对科研人员的激励力度，将进一步激发科研创新活力。

例如，齐让认为：本次中央财政科研资金管理改革多项举措均体现出充分调动科技人员积极性的精神气质，改革后的科研资金管理方式给科研人员带来了更多的期许，改革加大了绩效鼓励的力度，这些都将极大地调动科研人员开展科研工作的积极性和创造性。杨乐也认为：本次改革在制度层面为科研人员专心开展科研工作保驾护航，力求营造有利于科研事业的制度环境，改革所秉承的原则即是以人为本，改革举措均体现出对科学创造的尊重，对人的尊重和支持，同时改革对以往存在的问题提出了针对性的解决措施，最大可能地增强了科研人员的成就感和获得感③。

（4）自主规范管理横向经费，有助于提升科技成果转化率。横向课题是相对于纵向课题来讲的，横向课题是指企业的课题，做课题的和企业是平等协商的合同关系。相对于纵向课题，横向课题经费的管理更加松散，但出现了"行政化"

---

① 《详解中央财政科研项目资金改革》，http：//www.cfen.com.cn/dzb/dzb/page_3/201609/t20160901_2409935.html，采集日期：2016年9月27日。
② 《"聚焦科研经费新政"将科学化管理融于人性化服务》，http：//finance.sina.com.cn/roll/2016-08-11/doc-ifxuxhas1587243.shtml，采集日期：2016年9月27日。
③ 《详解中央财政科研项目资金改革》，http：//www.cfen.com.cn/dzb/dzb/page_3/201609/t20160901_2409935.html，采集日期：2016年9月27日。

的现象,管理方式过于死板,对横向课题研究的开展产生了不利的影响。本次改革对横向课题经费的使用做出规定,即横向课题项目承担单位以市场委托方式取得的横向经费,将纳入承接单位财务统一管理,由项目承担单位按照委托方要求或合同约定管理使用。

例如,孙宪忠认为:"进一步明确地把纵向课题和横向课题区分开,这是完全必要的。对于那些目的在于购买科研成果的研究项目,使用市场的规则,按照委托方要求或合同约定管理,我相信这方面的改革一定会在科技界获得很好的反响和评价"①

2. 不足:白玉微瑕、仍需完善。本次改革几乎是面面俱到,对科研资金管理中存在的大部分问题采取了针对性的举措,但改革仍没有做到尽善尽美,部分专家学者认为,此次改革尚不完善,依然存在一些问题没有解决。

(1) 补助类、股权投资类资金的使用和外资机构、外籍专家享受财政科研资金等政策尚不明确。科研工作所使用的经费大部分来自财政科研资金,但同时也有以补助或股权投资的形式存在的专项资金的使用,这类资金对于缺乏经费的科研工作的顺利开展也起到至关重要的作用,但此次改革并未对该类资金的使用做出说明;外资机构与外籍专家也是我国科研工作的重要参与主体,本次改革中,虽然规定参与项目研究的访问学者以及项目聘用的研究人员、科研辅助人员等,均可开支劳务费,但对外资机构、外籍专家享受财政科研资金的政策尚不明确。

罗永章认为,此次改革有很多方面的进步,但新政没有涉及补助类、股权投资类资金的使用和外资机构、外籍专家享受财政科研资金等政策,希望今后在实践中进一步完善②。

(2) 横向课题经费与财政科研资金的异同不明确。本次改革虽规定横向课题承接单位可根据实际自主规范管理横向经费,这对于横向课题的去行政化有很大的改善,在一定程度上解决了以往横向课题经费使用上存在的问题,但本次改革关于横向课题经费与财政科研经费之间的异同并没有做出明确说明,同时,对于横行课题项目承担单位在横向课题资金使用过程中的标准是否与中央财政科研资金存在差异也没有做出说明。

(二) 网民:态度不一、正面主流

以新浪微博作为网民关于该事件舆情的主要收集方式,该事件舆情周期较短,搜索7月25日~9月23日的相关微博,共3 389条,其中正面评价3 033

---

① 《"聚焦科研经费大松绑"搞科研的这下有"权"了》,http://finance.sina.com.cn/roll/2016-08-04/doc-ifxutfyw0606572.shtml,采集日期:2016年9月27日。

② 《科研管理新政如何叫好又叫座》,http://guancha.gmw.cn/2016-09-24/content_22142651.htm,采集日期:2016年9月23日。

条,占比89.5%;负面评价336条,占比9.9%;中立评价20条,占比0.6%(见图2)。

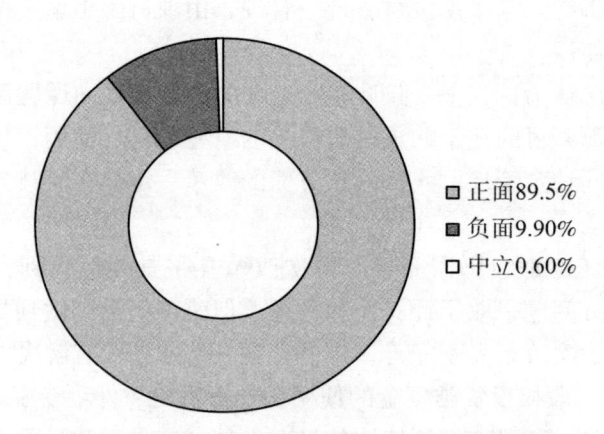

图2 7月25日~9月23日相关微博评价态度占比

资料来源:上海开放大学信息安全与社会管理创新实验室数据采集系统,采集日期:2016年9月23日。

1. 正面:解救科研人员于"水火",激发科研人员活力。

(1) 改革缓解了科研人员当会计的窘境。网民认为,此次改革简化了预算方案,科研人员不再绞尽脑汁编写预算方案,不再被严苛的经费报销流程所困扰,不再到处凑发票,使科研人员从"会计"工作中解放了出来,专心于科研工作。

新浪微博网友"@依逝淡江":这个的确需要简化一下了。不然搞学术真的太辛苦了,改革终结了科研人员当会计的窘境,采取有效措施激励科研,是一件好事[①]。"@古月一新"认为:确实应该!科技兴国靠人才,改革后就不需要想着如何写预案、报发票这些烦人的东西,能够更好地专心研究了[②]。此外,"不再纠结于预算和方案了"、"不用突击花钱了"等在网民评论中大量出现。

(2) 改革调动科研人员积极性和创造性。网民认为,首先,科研资金的管理更加科学,无需花更多时间在科研经费的问题上,在后需方面有了保障,即"后院稳定"了,科研人员才能专心科研,也就增强了科研人员做好项目的信心,调动了科研人员的积极性;其次,绩效支出安排将与科研人员在项目工作中的实际贡献挂钩,这加大了对科研人员的激励力度,将进一步调动科研人员开展科研工作的积极性与创造性。

---

① "@依逝淡江",http://weibo.com/uuuyyy? refer_flag=1001030101_&is_hot=1,采集日期:2016年9月27日。

② "@古月一新",http://weibo.com/u/2945341027? refer_flag=1001030101_&is_hot=1,采集日期:2016年9月27日。

新浪微博网友"@煜金堤河村人":挺!部分资金可以被有发票式的肆意浪费,却不能真实的用在教学、科研和正事上。难为的我们只能自己掏腰包搞教学、搞科研。我们倒是渴望,有些能做出科研后,再以奖励的形式,给我们自己的花费以补偿,这可不单单是机制问题,更激发了我们科研人员的积极性,谢天谢地!①"科技创新的春天来了"、"可以专心做研究"、"科研人员解放出来"等在网民评论中占很大比重。

(3)改革劳务费不设比例限制,激发科研辅助人员参与活力。网民认为,之前科研项目经费的报销,对劳务费限制太多,许多参与科研的辅助人员对科研工作做出了贡献,但不能取得应有的报酬,这在一定程度上打击了科研辅助人员的参与积极性,改革之后,凡参与科研项目的聘用人员均可根据实际开支劳务费,这将增强科研辅助人员的参与感,从而激发其参与活力。

新浪微博网友"@芝恩baby":本次改革增加了对研究生博士生的关注,终于熬出头了②;"@想当一只兔子的龙猫":硕士做课题的补助之前太少了,这次改革之后,应该会有所好转③。

2. 负面:配套监管不给力、"害群之马"不停息。

(1)防范监管措施跟不上改革进程,改革效度不明。网民认为,之前在科研资金管理过程中出现的一系列问题,不仅有政策不完善的因素,也有监管不到位的原因,此次中央财政科研资金管理改革的政策是好的,但有前车之鉴,此次改革若不能采取有效的监管措施,则改革的预期不明朗。

新浪微博网友"@照射幅度"认为,由于社会的现状与科技的严谨性,对于怎样才能激发科技人员的创造热情与防止科技上的假大空、骗取科研经费,其本身也应属于要科学的研究与探讨,细节也是决定成功的重要因素,没有一套完善的激励与防范措施,将对科技的发展起到更致命的伤害④;"@坤Mr_Kun"认为,其实不是太严,是该管的不管,不该管的管的宽,为什么还有那么多违法使用科研资金的事情出现?⑤"@花开未允"认为,放权是好事,但现在监管力度不够,要加强监管,让钱花在该花的地方⑥;"@挚染"认为,不好说,看上去

---

① "@煜金堤河村人",http://weibo.com/pyliushiping? is_hot=1,采集日期:2016年9月27日。
② "@芝恩baby",http://weibo.com/u/5132995311? refer_flag=1001030101_&is_hot=1,采集日期:2016年9月27日。
③ "@想当一只兔子的龙猫",http://weibo.com/u/1172921834? is_hot=1,采集日期:2016年9月27日。
④ "@照射幅度",http://weibo.com/u/5628024492? is_hot=1,采集日期:2016年9月27日。
⑤ "@坤Mr_Kun",http://weibo.com/kun1314cn? is_hot=1,采集日期:2016年9月27日。
⑥ "@花开未允",http://weibo.com/u/2253920650? refer_flag=1001030101_&is_hot=1,采集日期:2016年9月27日。

是好事实际上是坏事这种事情出的还少吗？我对这次改革不太看好①。

（2）部分科研人员中饱私囊，改革可能会助纣为虐。网民认为，在科研工作中，存在挪用、私吞科研资金的现象。出现过科研人员私吞科研资金的报道，小部分科研人员打着从事科研工作的名头，私吞科研资金，中饱私囊。此次改革放宽了科研经费的使用限制，这更可能会助纣为虐。

新浪微博网友"@村民的生活"认为：……把钱放自己口袋了；"@我爱多多"认为：高校里每年拨发的科研资金，不少都进了导师的口袋；"@FarronSeventeen"：不管宽松与否，都有人趁机捞金，也有人经费不足，说到底是审核问题②；"@大庆仔123"：纳税人的钱被很多所谓的科研人员中饱私囊③。

四、反思与建议

此次"中央财政科研资金管理改革"舆情事件在社会上引起了较为广泛的关注，改革的受众即科研人员对此次改革呈现一边倒的支持态度，赞扬不断，认为本次改革可谓是"面面俱到"。改革也在普通网民中引起广泛讨论，网友对此次改革大部分持支持态度，认为此次改革解救了沦为"会计"的科研人员，激发了科研人员的积极性，有助于我国科研事业的进步。整体来看，此次改革在社会上得到了普遍的舆论支持，但本研究在对事件舆情分析中发现改革尚存在一些问题引起了民众的关注，仍有几点需要引起我们的反思。

（一）循序渐进的改革方式助力催生利好舆论环境

本次改革并非中央财政科研资金管理的第一次改革，可谓是改革基础上的再改革。纵观首次出台《国家中长期科学和技术发展规划纲要（2006~2020年）》，至本次《关于进一步完善中央财政科研项目资金管理等政策的若干意见》，关于中央财政科研资金的管理改革经历了一个循序渐进的过程，而此一过程有利于催生利好于政策推行的舆论环境。

《国家中长期科学和技术发展规划纲要（2006~2020年）》自实施后，为我国科技事业发展提供了保障，但也存在项目安排分散重复、管理不够科学透明、资金使用效益亟待提高等突出问题，随后颁布《关于改进加强中央财政科研项目和资金管理的若干意见》，未能对存在的问题提出有效的解决方案，科研经费报

---

① "@挚染"，http：//weibo.com/u/1198945325？is_hot=1，采集日期：2016年9月27日。
② 新浪微博，"@FarronSeventeen"，http：//weibo.com/u/3043778243？is_hot=1，采集日期：2016年9月27日。
③ 新浪微博，"@大庆仔123"，http：//weibo.com/u/5030257871？is_hot=1，采集日期：2016年9月27日。

销难，不得不突击花钱等痼疾仍然存在，而本次改革对于以往中央财政科研资金管理中存在的诸多问题提出针对性的解决办法。从舆情角度来看，本次改革在社会上获得极大赞赏，舆论环境大好，这将进一步推动改革的顺利推行；从改革与舆情产生机制来看，循序渐进的改革过程，使政策逐渐完善，民众对政策实施效果抱有良好的预期，进而有助于催生利好的舆论环境，反作用助力政策的顺利推行。

（二）不同主体之舆情反馈，为完善政策提供源头活水

本次中央财政科研资金管理改革所涉主体具有专业性，即主要涉及从事专门科研工作的科研人员，其对本次改革的讨论与评价是本次事件舆情的主要构成部分，能够针对改革不足之处提出建设性的意见；此外，普通民众虽处于政策作用范围之外，但正是普通民众是"局外人"，更能观察到政策实施过程中存在的问题，如指出存在部分科研人员将科研经费中饱私囊的情况，两类主体对政策的舆论反馈，成为政府不断完善政策的源头活水。

从舆情角度来看，专业人士的观点更具合理性与可操作性，往往对政策之不足提出针对性的建议与解决办法，普通民众虽不具备专业人士的专业素养与眼光，但能较为准确指出政策实际施行过程中存在的问题，两类主体站在不同角度对政策进行审视，其舆情态度两相结合成为推动政策趋于完善的不竭动力。

（三）完善相关政策，加强监督，有助消减负面舆情

本次中央财政科研资金管理改革具有全面性，改革涉及财政科研资金管理的方方面面。但白玉微瑕，本次改革也因少部分规定不明确与以往部分科研人员中饱私囊等问题没有解决，在社会上存在关于本次改革的负面舆论评价，进而引发专业人士对进一步完善政策的期盼与普通民众希望政府加强对财政科研资金使用监督的渴求，因此，在本次改革的基础上，政府需进一步完善财政科研资金的管理办法，同时加强对科研资金使用的监督，将有助于减轻政策颁布与实施可能产生的负面舆论环境。

首先，需明确关于补助类、股权投资类资金的使用和外资机构、外籍专家享受财政科技资金等政策；其次，"横向课题"在经费管理上"行政化"手段过多，虽然本次改革已针对这一问题做出调整，但横向课题经费的行政化管理方式根深蒂固，需要相关配套措施进一步协助"去行政化"；最后，本次改革给予科研单位以更多的自主权，政府更需要加强对科研单位的监管力度，防止类似于改革前挪用科研经费，中饱私囊等行为的产生，科研单位自身也应设立监察部门，在为科研人员提供便利服务的同时，加强对使用科研资金合法性的监管。政府需善于倾听民意，根据政策颁布初期民众反馈的舆情态度，切实采纳民众所提出的

建设性意见，积极作为，进一步完善政策，可逐渐消除政策之不完善所带来的负面舆论，助力政策的顺利推行。

整体来看，此舆情事件在社会上得到了民众的普遍支持，对科研工作者来说可谓是"久旱逢甘霖"。科研人员对此次改革持极力支持和赞扬的态度，认为简化预算编制科目，使"打酱油的钱可以买醋"，增强了科研创新的动力；劳务费不设比例限制，让科研人员更有成就感和获得感；提高间接费用比重，取消绩效支出比例限制，加大了对科研人员的激励力度；自主规范管理横向经费，有助于提升科技成果转化率；网民也认为改革缓解了科研人员当会计的窘境；调动科研人员积极性和创造性；劳务费不设比例限制，激发科研辅助人员参与活力。

本次舆情事件反映出循序渐进的改革方式有助于催生利好的舆论环境，此种方式值得政府部门对其他政策进行改革时学习借鉴。财税政策从适用范围上可分为"一般型"与"特殊型"，"一般型"财税政策本研究代指涉及全部行业与所有群体的财税政策；"特殊型"财税政策代指只涉及部分行业或群体的财税政策，因此在政策舆情上就存在"局内人（专业人士）"与"局外人（普通网民）"两大类，"局内人"与"局外人"的舆论态度相结合成为政府推行下一步改革的源头活水，政府积极倾听舆情反馈，采纳民众提出的合理意见，将不断促进政策趋于完善，有助于形成良好的舆论环境，配合政策的顺利推行。

（作者：张留克　洪　磊　刘长喜）

以榜为鉴　明政务得失
——网民热议《2016中国财政透明度报告》

导读：财政透明度无疑是财税领域内大众关注的焦点之一，2016年度上海财经大学公共政策研究中心继续出台《2016中国财政透明度报告》，引发网民热议。报告直指，全国31个省份财政透明度平均分较上年有所提高，但仍仅有两个省份及格。对于这一结果，网民褒贬参半，并对未来的财政透明度的提高提出希望。

一、前言

中共十七大报告指出，"人民当家做主是社会主义民主政治的本质和核心，要保障人民的知情权、参与权、表达权、监督权"[①]。知情权中的重要一环是要让公众了解政府在做什么，而公开政府财政信息是实现这一点的有效保障。

我国政府的财政信息透明度在多方努力下蹒跚前行：2008年国务院颁布《中华人民共和国政府信息公开条例》，拉开了我国财政信息公开的序幕；2014年十二届全国人大委员会第十次会议审议通过新《预算法》，首次将预算公开写入法律，并明确了预算公开的主题；同年10月国务院出台《关于深化预算管理制度改革的决定》，将积极推进预决算公开作为全面推进深化预算管理制度改革的重要组成部分，明确规定了预决算公开的内容及细化程度[②]。这些文件和法律的出台，表明国家对财政信息公开的决心。但现实与预期仍有较大的差距。为此，上海财经大学公共政策研究中心于2009年启动了"中国财政透明度报告"项目，对我国31个省级政府的财政信息公开情况开展调查。2016年11月26日，上海财经大学与人民日报《人民周刊》共同举办了《2016中国财政透明度报告》发布会，会议紧紧围绕财政透明与政府绩效开展讨论，分析了我国各省级政府财政信息公开的情况和趋势，对我国政府绩效的成果与问题进行了深

[①②] 上海财经大学公共政策研究中心：《2015中国财政透明度报告》，上海财经大学出版社2015年版。

入探究。

随着《2016 中国财政透明度报告》的发布，各省级政府财政透明度得分在网上引起热议。各类媒体纷纷对此报告展开详细分析，不仅图文并茂地呈现了各省级政府财政透明度的得分情况，同时也对我国财政透明现状进行剖析。网民也纷纷结合自己的生活实际对此份报告展开讨论。本研究以《2016 中国财政透明度报告》发布这一舆情事件为研究对象，深入分析社会各界对这份报告的关注重点和基本态度，并展开反思。

二、舆情发展生命周期

《2016 中国财政透明度报告》从一般公共预算、政府性基金、财政专户、国有资本经营预算、政府资产负债、部门预算、社会保险基金预算、国有企业、对调查的回复态度等九个方面来评价中国省级财政信息的公开状况。该研究通过网络搜索、公开出版物检索和政府部门对信息申请回复的态度与责任心评级，得到各省级政府的财政透明度得分（如表 1 所示）①。11 月 26 日，大公网首发题为《2016 年财政透明度报告：宁夏居首、江苏垫底》的新闻，该舆情事件逐渐扩大到公众视野中。

表 1   中国省级财政透明度排行榜（2016）

省份	得分	省份	得分	省份	得分	省份	得分
宁夏	65.53	黑龙江	50.26	天津	40.64	河北	29.16
湖南	65.18	上海	48.40	甘肃	38.21	西藏	27.94
安徽	57.34	河南	44.62	内蒙古	38.07	陕西	27.92
山东	56.82	北京	42.96	吉林	35.41	青海	25.21
新疆	55.39	广西	42.59	云南	34.74	四川	24.83
福建	54.34	江西	41.65	贵州	33.96	江苏	23.71
辽宁	53.82	重庆	41.33	湖北	33.70		
广东	51.53	海南	40.88	浙江	33.03		

资料来源：《2016 中国财政透明度报告仅两省及格　法律缺失是问题根源》，http://finance.sina.com.cn/roll/2016-12-04/doc-ifxyiayr8972934.shtml，采集日期：2016 年 12 月 8 日。

---

① 《2016 中国财政透明度报告仅两省及格　法律缺失是问题根源》，http://finance.sina.com.cn/roll/2016-12-04/doc-ifxyiayr8972934.shtml，采集日期：2016 年 12 月 8 日。

（一）舆情事件综述

此次舆情事件持续时间短，采集时间限定为2016年11月23日0时至2016年12月5日0时。这一时间段内关于《2016中国财政透明度报告》发布的互联网舆情数据总指标达到4 975（如图1所示）。11月26日，《大公报》率先发声，新浪财经等线上门户网站紧随其后，对《2016中国财政透明度报告》的发布展开报道，舆情数据搜索指标开始攀升；27日，两篇主流门户网站的时评将此次舆情事件引向舆论高潮，舆情数据搜索指标达到顶峰；12月以后，网民关注度下降明显，舆情事件逐渐退出公众视野。

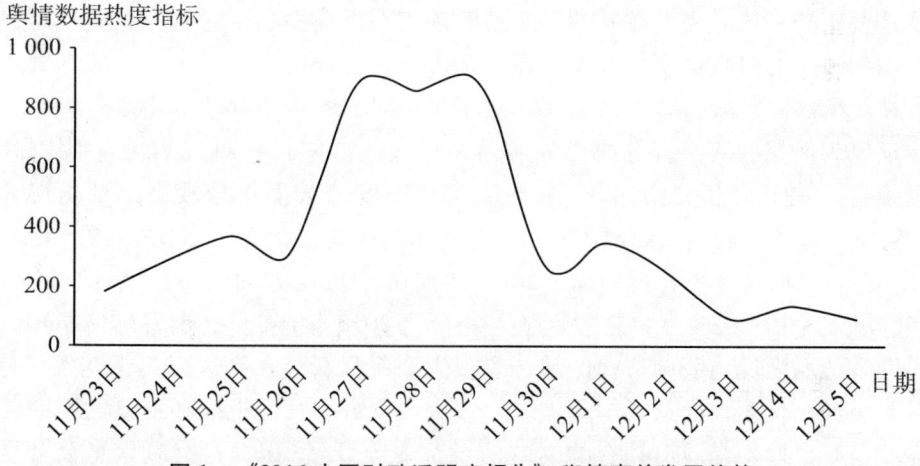

图1 《2016中国财政透明度报告》舆情事件发展趋势

资料来源：上海开放大学信息安全与社会管理创新实验室数据采集系统，采集日期：2016年12月5日。

1. 事件发酵期：新浪财经首发，率先提出对政府信息公开的质疑。11月26日，《大公报》率先发声，撰写题为《2016年财政透明度报告：宁夏第一 江苏垫底》的文章，以首发媒体的身份对该事件进行简单报道。随后新浪财经发布题为《上财报告：31省财政透明度仅两省及格 全国得分有进步》的报道，对政府的信息公开意识表示质疑。这一阶段，媒体的报道以质疑态度为主。

十八大以来，阳光财政、预算公开已经成为大众关注的热点，而这些新闻报道直言各地政府并没有很好地做到阳光财政这一要求，受媒体影响，各地网民纷纷跟帖对政府信息公开不到位进行批判，舆情事件正式步入发酵期。此阶段舆情数据搜索指标从300开始迅速飙升。

2. 事件高潮期：线上线下聚力，对财政透明度的讨论逐渐走向纵深。11月27日至29日，《2016中国财政透明度报告》发布这一舆情事件的关注度达到高潮。在线上线下媒体的聚力推动下，网民对此事件的舆情数据搜索指标从26日的317猛增到27日的880，舆论的最高峰出现在11月29日0时，舆情数据搜索指标达883。

这一阶段，主流媒体多点开花，线上线下一齐发力。线上媒体方面，新华网发布题为《全国省级财政透明度宁夏居首》的报告；线下媒体方面，济南日报发布题为《财政透明度不及格问题不在于态度》的文章，南方都市报也发布了题为《财政透明度排名每年上台阶》的文章。这一期间各主流媒体的文章不再仅局限于中国各省级政府的财政透明度得分情况，更多的是通过纵向比较展示这几年中国财政透明度平均得分的发展情况。虽然各省级政府的分数较低，排名一、二的才刚刚触碰及格线，排名最后的省份财政公开的评分尚不及满分的四分之一，但是从这些年的平均分来看政府的财政透明度正在逐渐提高，这些文章促使网民逐渐意识到政府的财政信息公开度正在向前进步。

在舆情高潮阶段，线上线下媒体除了集中对财政透明度的进步进行鼓励，也开始反思为何仅有两个省份的得分触及及格线。济南日报对《2016中国财政透明度报告》展开分析，指出31个省仅在"态度"方面得分较高，平均得分为80.87分；而"一般公共财政预算"、"国有企业资产信息"等方面得分均仅在30分左右，"财政专户管理资金"和"政府资产负债方面"分别为12.54分和11.96分，其中"财政专户管理资金"得分比2015年还低①。也有媒体指出，各省份财政透明度低与我国法律的缺失有很大联系。新《预算法》第十四条只是规定经本级人民代表大会或者本级人民代表大会常务委员会批准和批复的财政信息才需要公开，而不是政府拥有的财政信息都要公开②。因此，财政信息公开度便取决于政府报给人大的财政信息会报到何种程度。这些报道合理地解释了我国财政透明度得分低的问题，也进一步引导广大网民审慎思考，透过现象看本质，对简单的指数排名进行更深层次的讨论。

12月1日以后，舆情事件处于消退阶段。在这一阶段，网民对此事件的搜索关注度迅速下降，跌破100。该事件逐渐退出公众视野。

（二）舆情传播机制分析

1. 媒体传播：传播主体为新闻，腾讯新闻为最活跃的传播平台。本研究所分析的媒体类型包括网页、社交媒体和新闻客户端三种。根据对2016年11月23日0时至2016年12月5日0时的媒体类型进行统计，发现在网页媒体类型统计

---

① 《财政透明度不及格问题不在于态度》，http：//guancha.gmw.cn/2016－11/28/content_23118858.htm，采集日期：2016年12月8日。

② 《2016中国财政透明度报告仅两省及格　法律缺失是问题根源》，http：//www.p5w.net/news/gncj/201612/t20161205_1654170.htm，采集日期：2016年12月8日。

中，最活跃的平台是新闻，占比达到83.93%（如图2所示），表明该舆情事件的传播主体是新闻媒体。除此之外，论坛占比11.5%，以博客为代表的其他主体占比4.57%。在社交媒体的统计中，微博作为最活跃的平台，是此次舆情事件在社交媒体方面的主要传播途径，占76.96%（如图3所示），其他媒体的占比情况分别为：微信公众号22.89%；Facebook 0.15%。在新闻媒体客户端的统计中，最活跃的平台是腾讯新闻，占比达到43.75%（如图4所示），表明事件主要由主流媒体传播。其他媒体的占比情况为：新浪新闻占21.09%；人民日报占13.28%；搜狐新闻占8.59%；澎湃新闻占8.59%；网易新闻占4.69%。

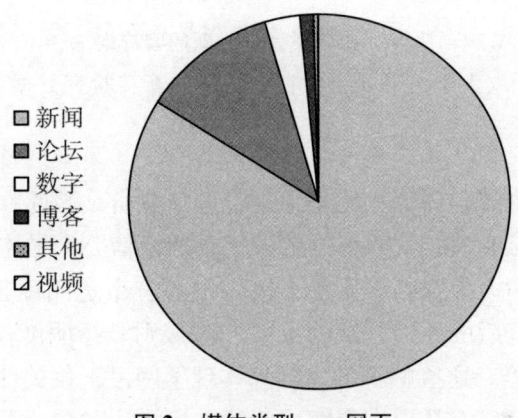

图2　媒体类型——网页

资料来源：上海开放大学信息安全与社会管理创新实验室数据采集系统，采集日期：2016年12月5日。

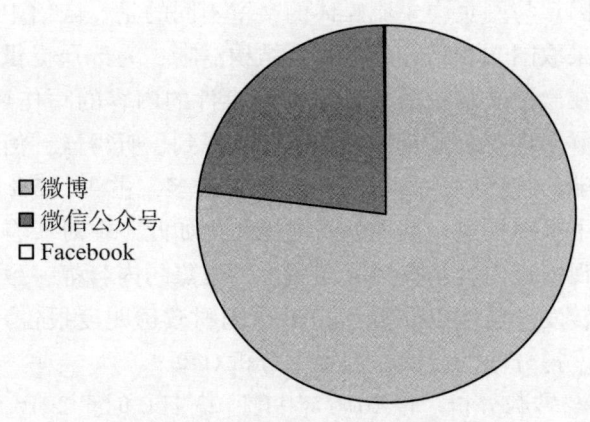

图3　媒体类型——社交媒体

资料来源：上海开放大学信息安全与社会管理创新实验室数据采集系统，采集日期：2016年12月5日。

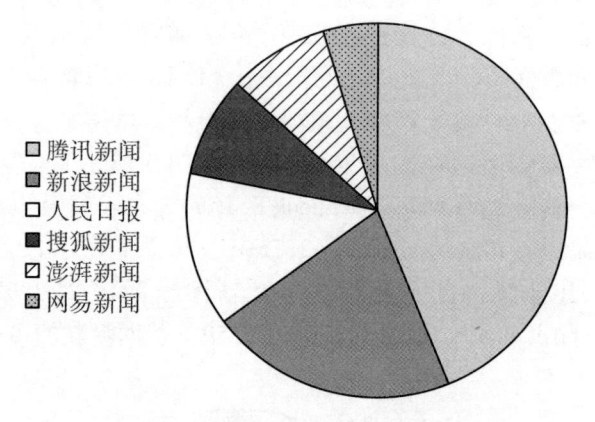

图 4　媒体类型——新闻客户端

资料来源：上海开放大学信息安全与社会管理创新实验室数据采集系统，采集日期：2016年12月5日。

鉴于前文已对主流媒体的相关报道进行详细分析，因此在这里将对占网页中的第二大比重的论坛和占社交媒体第二大比重的微信公众号中的内容展开抽样分析。其中在论坛中，大多数帖子聚焦于报告中各省市透明度得分低的原因，"省级财政透明不足，背后的原因是缺约束"，"省级财政透明度仅两个省及格，法律缺失是根本原因"等。这些帖子的内容都体现了网民不仅关注问题本身，更加关注问题背后的原因，只有从根本上解决问题，才能让财政公开有更好的发展。

在微信公众号中，共有458篇文章是关于此次舆情事件的。文章与主流媒体报道的文章内容具有同质性，不仅详细描述了各省级政府的透明度指数，也分析了现象产生的原因。与网页中主流媒体的文章不同的是，微信中的文章的内容呈现方式多样化，采取图文相结合的方式，结构清晰，为群众提供了多样的清晰的信息阅读方式。在微信文章中关于此次舆情事件的内容的写作风格，更加简洁、贴近群众，便于群众理解，真正做到让网民看得到、听得懂、信得过。

在新闻客户端的统计中，腾讯新闻的报道最多，占43.75%，它对这次事件的整个过程进行了追踪报道，其他的新闻媒体也如此。在对所有的媒体文章抽样分析过程中，发现报道内容具有较高同质性，聚焦的内容都一致，有的甚至是对其他媒体的直接转发。前期以分析《2016中国财政透明度报告》本身内容为主，后期以财政透明度得分低的原因作为主要分析对象。

2. 网站来源与转载分析。以2016年11月23日0时至2016年12月5日0时为时间界限（如图5所示），舆情事件的网站分布统计结果显示，对该主题持续关注报道的网站有：微博关注热度为1 540，占30.85%；腾讯网关注热度为581，占11.64%；百度贴吧关注热度为148，占2.96%；新浪网关注热度为100，占2%；今日头条的关注热度为87，占1.74%；搜狐网的关注热度为85，占

1.7%。在网站来源中微博占绝大多数,因此下文将以微博中的网民为对象对其舆情观点进行关注点分析。

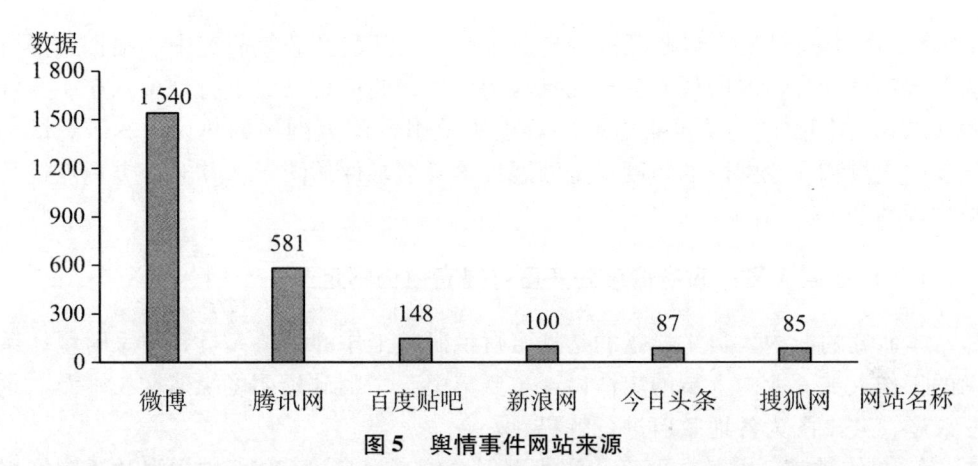

图5 舆情事件网站来源

资料来源:上海开放大学信息安全与社会管理创新实验室数据采集系统,采集日期:2016年12月5日。

表2　　　　　　　　　　转载量排名前五的文章

	新闻名称	关键词	转载量
1	2016中国财政透明度排行榜　仅两省份"及格"	透明度排行榜	44
2	上财报告:31省份财政透明度仅两省及格　全国得分有进步	仅两省份及格	40
3	报告显示中国省级财政透明度稳步上升但整体情况仍不理想	稳步上升	31
4	省级财政透明8年翻一倍,仅宁夏湖南"刚及格"	仅两省份刚及格	31
5	中国财政透明度排行:仅两省份"及格",江苏垫底	仅两省份及格	30

资料来源:上海开放大学信息安全与社会管理创新实验室数据采集系统,采集日期:2016年12月5日。

以2016年11月23日0时至2016年12月5日0时为时间界限,《2016中国财政透明度报告》为主题的转载分析,转评前五的总数为176条(如表2所示),分析发现转载前五的这五篇文章中,内容主要表现为以下两点:从横向上看,中国各省份的财政透明度现状堪忧,财政信息公开度过低;但是从纵向上看,我国的财政透明度正在向前发展,尽管进程缓慢但是总体方向没有错。

三、舆情关注点分析

《2016中国财政透明度报告》是上海财经大学公共政策研究中心根据中国省级财政信息公开情况的调研分析而撰写的报告,此项目已经进行到第八年。今年的《2016中国财政透明度报告》一经曝出就引发广大网民的热议,本研究试图从业内人员和一般网民的角度来全面展现该舆情事件的图景,并对各类观点进行类型学划分。

(一)业内人员:政府信息公开虽有提高但仍不足

本研究的业内人员主要指的是从事财税研究工作的相关人员和国家财税体系内的工作人员。业内人员的舆情讨论主要集中于"财政透明度缘何增长缓慢"这一议题,并试图为各地政府进行解释。

1. 总体赞赏:财政透明度步履蹒跚但总体有提高。《2016中国财政透明度报告》显示今年31个省份的平均得分为42.25分,2015年的平均分为36.04分,2014年的则为32.68分。由此可见,每年的分数虽然进步很小,但都在稳步提升(如表1所示)。随着我国预算法的完善,各省份政府逐渐公开法律所要求公布的财政信息,但对于没有要求公开的内容,政府也选择忽视。业内人士邓淑莲在采访中指出"很多信息难以获取不是因为政府没有这方面的信息,而是在政府的公开体系中这部分内容不需要人大审批。地方政府普遍认为预算法里要求的就去做,没有要求的就不用管"①。很多政府在行政管理工作中秉持着多一事不如少一事的心态,多做多错,害怕因多做而导致后续工作量增加,也害怕做错之后承担责任,因而仅仅对上级负责,只做上级安排的工作。如果按照预算法的要求完成财政公开,那么在《2016中国财政透明度报告》中只能得到30~40分,这就导致各地政府财政透明度平均得分低。因此各地政府应该在财政信息公开的过程中应将上级任务看成底线而不是上限。

表3　　　　　　　　2010~2016年省级财政透明度的平均分

年份	2010	2011	2012	2013	2014	2015	2016
平均分	21.87	23.14	25.33	31.4	32.68	35.04	42.5

资料来源:上海财经大学公共政策研究中心:《2016中国财政透明度报告》,上海财经大学出版社2016年版。

---

① 《邓淑莲:管住预算就管住了政府》,http://finance.ifeng.com/a/20150210/13494793_0.shtml,采集日期:2016年12月10日。

2. 总体批判：政府财政信息公开主动性不足。《2016 中国财政透明度报告》涉及的 31 个省份中，仅有两个省份在财政透明的核算中及格，面对这个不理想的结果，上海财经大学公共经济与管理学院院长刘小兵指出"在研究中不能够直接从各省级政府网站或公开出版物获取相关的财政信息，因此只要不按照项目组申请提供相应信息的省份得分就会很低。并且在评估过程中越是涉及细节的财政信息越不能得到，这在很大程度上也影响了省份的得分情况"①。财政透明是政府财政管理规范的体现，我国各省级政府应提高财政公开的主动性，为促进政府财政工作透明做出积极贡献。

财政透明度低，不等于政府对财政信息公开的认知度低。引发此次舆情的报告中涉及了大量指标，复旦大学公共经济研究中心主任石磊提到："衡量财政透明度的指标包括很多方面，但是有两个指标较为关键：一个是财政专户，第二个就是政府负债"。财政专户涉及社保；国际金融组织和外国政府贷款、赠款；教育收费、彩票发行机构和销售机构的业务费等复杂的项目，政府负债也涉及各个方面②。在财政报告中也提到，财政专户管理资金和政府资产负债分别为 12.54 分和 11.96 分，其中财政专户得分甚至比 2015 年还低，也说明了我国各省市财政透明度得分不高的原因。这两个方面存在的问题是历届政府一直存在和累积的问题，政府确实不太可能做到突然地一次性公开，这也是导致政府财政透明度得分低的原因。

《中国财政透明度报告》已经持续公布八年，每年出版的报告中各省的排名波动较大。以 2015 年和 2016 年的排名对比发现，2016 年排名第一的宁夏 2015 年是 23 名，排在第二位的湖南上年是 27 名。而 2016 年排在最后的江苏去年位列第 25 名，四川也从 24 名降到 2016 年的倒数第二名。上海财经大学科研处副院长郑春荣对此的解释是："以西藏为例，从去年的 41.07 分降至 27.94 分，很大原因是西藏的出版物相对匮乏，网站也很少，只有自治区政府和人大有网站，财政部等部门都没有网站，所以只能依赖申请公开这一个途径获取财政信息。如果恰好遇上相关负责人工作调动，提供财政信息的工作就出现很大的波动，因而分数就会很低"③。刘小兵在回答《财经》记者的提问时也说道："有些省份可能是因为领导换了，或者具体负责的科长换了，重视财政透明了，提供了较多的资

---

① 《2016 中国财政透明度报告仅两省及格　法律缺失是问题根源》，http：//www.p5w.net/news/gncj/201612/t20161205_1654170.htm，采集日期：2016 年 12 月 10 日。
② 《2016 中国财政透明度报告出炉财政透明短板怎么补》，http：//news.163.com/16/1128/16/C6VLHDDK000187V8.html，采集日期：2016 年 12 月 10 日。
③ 《哪个省份财政最透明？宁夏第一、北京居中、江苏垫底》，http：//www.toutiao.com/i6358209192053965313/，采集日期：2016 年 12 月 10 日。

料，自然而然分数就高了"①。由于没有统一的制度保障，各政府间接或直接地控制着财政信息的公开，主动性影响着财政透明度得分，使得各省排名波动较大。

（二）一般网民：政府财政透明虽有进步但人为调控仍占主导

本研究所指的一般网民主要指的是非业内人员。对一般网民的观点进行类型学划分，可以发现网民的观点主要有以下两类：第一类观点认为财政公开透明任重而道远，我国正朝着好的方向发展；第二类观点认为政府财政透明度低是政府不愿意公开信息，财政公开很大程度上取决于政府职员的人为控制，因此应该加强法律制度的完善。

1. 支持观点：财政透明任重道远，但不可否认其进步。《2016中国财政透明度报告》指出我国财政透明度整体上是处于上升状态的，虽然各省份上上下下不定，整体前进的步伐也很小，但是不能否认其是在不断进步的。网民"@顽皮汪"在微博中评论，"财政信息公开范围、广度、深度要求都很多，信息核算科目也很复杂，难免会有些省份在信息公开中不足，省级财政透明度呈现逐年小幅稳步上升是不可否认的"。网民"@表浩"也表明，"财政透明度的完全公开不是一朝一夕的就能完成的，更是一起长期的艰难的过程，公共财政的公开透明是我国政治文明日益发展的内在要求和重要体现，我国各政府应保持现在稳步前进的趋势，严格管理更好地提高财政资金运行的透明度"。我国财政透明度报告的衡量指标中有很多涉及一些历史遗留问题，处理过程复杂，因而并不能完全公开。各省级政府应不断完善管理体制，保持财政透明度的发展态势，更好的公开财政信息，完全做到接受人民群众的监督。

2. 质疑观点：人为调控导致财政透明度低，相关法律法规完善程度较低。各省级财政透明度的平均得分为42.25分，这样的结果对广大网民而言甚至连差强人意的标准都无法达到。网民"@致远"指出，"虽然调查者一再强调得分低不代表这个省份没有这些信息，只是表明这个省份对项目没有及时反馈给项目组相关信息公开的申请，但这样的数据还是有些触目惊心。政府不愿公开这些财政信息，打着这是机密无法透露的口号来掩盖自己害怕财政收支信息公开后……花了多少钱都会暴露在大众面前，从而公费出国、吃喝、节日福利等灰色收入都会被取消"②。网民"@呆呆123"也认为，"政府如若重视提供的资料多，那最后的得分就会高。这在一定程度上说明同一个评估过程，不同政府部门给的有效信息程度不同得分就不同。这个有效信息的多与少取决于政府，是一个人为的过程，是一个明显的人为调控政府透明度的表现。这也让政府财政透明度的决定因

---

① 《2016中国财政透明度报告仅两省及格 法律缺失是问题根源》，http：//www.p5w.net/news/gncj/201612/t20161205_1654170.htm，采集日期：2016年12月10日。

② 致远：《预算不公开，人大"不同意"》，载《中国人大》2010年第12期。

素，一直停留在人的因素，而非制度的推动"。由此可见财政透明度立法的不足、细化程度也较缺乏，使得财政公开的人为可操控因素增强，这也进一步导致了我国各省级政府财政透明度表现出长期增长缓慢这一消极发展趋势。

也有部分网友从加强法制这一角度合理地表达了自己的质疑和思考。网民"@黄海小黄鱼"直言，"江苏经济这么发达，财政透明度却垫底，这难以想象，只能说法制建设的道路还很长很长……"网民"@论中国"则声称，"腐败问题依然触目惊心，法制社会任重而道远。"习近平总书记多次提出"把权力关进制度的笼子"，中国财政透明度的提高从根本上来看，还是靠法律法规的完善来推动。

四、反思与建议

《2016中国财政透明度报告》舆情事件暴露出了我国各省级政府财政公开的现状：一方面，在榜单发布的过程中，各省级政府的沉默应对直接推动了网民舆论朝着不利于政府的方向发展，回顾此次舆情事件，榜单之所以引发网民的激烈讨论和热烈关注，与政府的"失语"和"零互动"有很大关系；另一方面，上海财经大学公共政策研究中心作为第三方机构发布报告，既体现出政府财政公开的主动性不足，也可看出社会对于财政透明的监督机制正在不断完善。

（一）政府：此时有声胜无声，主动出击显诚意

各省级政府无疑在本起财税舆情事件中处于核心位置：舆情发酵阶段，政府因财政透明度得分普遍较低饱受媒体和网民的口诛笔伐；舆情高潮阶段，"政府财政透明度缘何步履蹒跚"成为门户网站和网民关注的焦点。然而，这一至关重要的行动主体，自始至终扮演着"沉默的羔羊"的角色，无论是面对铺天盖地的质疑，还是面对社会各界的关切和理解，各省级政府始终一言不发，也没有采取相应的行动。正因为官方的"失语"，这一舆情事件自始至终保持一种"单向跷跷板"的状态——媒体和网民端人声鼎沸，政府端鸦雀无声。

新媒体以其出众的传播效果成为公众获取信息的主要通道，众多舆情事件的发酵、转折过程中都有新媒体发挥的重要作用。若政府在新媒体的使用上不足，就会面临被动与被忽视的尴尬局面。《2016中国财政透明度报告》在由媒体报道后，于网络中被广泛传播和深度挖掘，各方观点在一个公开而虚拟的平台上得以呈现，最终形成一个大范围的社会舆情事件。而在其中，政府对新媒体的使用大为欠缺，在看到公众的反馈如何、满意与否、是否要求进一步解释，政府的发声、与公众的互动均为空缺。政府忽视与公众的互动，导致政府与公众之间信息供需不平衡，公众对政府的负面评论在舆论中愈演愈烈。

政府是财政公开的主体，在财政透明度上最有发言权。首先，无论最后评价

结果的好与坏，政府都应该及时站出来为自己代言——或是解释自己透明度得分低的原因，或是为今后的发展定下目标拟好计划，以恢复网民对政府财政透明度的信任；其次，财政透明度的评价指标复杂多样，一般网民如果缺乏相应的财税知识，容易对各个指标所代表的含义产生误解，轻则造成网民对政府的不信任或不满，重则会发酵成大范围的谣言。鉴于上述两点原因，各省级政府应当做到"此时有声胜无声"，在榜单出台后积极引导、及时解读、主动总结、加强互动，从而让广大网民更加理解政府的努力，感受到政府在财政透明的进步过程中的决心和诚意。

（二）第三方监督机构：地位更应凸显，成果更应重视

完善制约和监督机制方能保证人民赋予的权力始终用来为人民谋利益，在本起财税舆情事件中，上海财经大学公共政策研究中心扮演着第三方监督机构的作用，对政府行为起到了较好的监督作用。现阶段，对政府的监督还停留在内部监督为主，外部监督为辅的阶段。因此要想加强当前政府的财政透明度，还需要一个全方位的监督系统。不仅要加强政府内部监督，合理设立内部审计机构；同时提高地方人大的财政专业审查能力，设立专门的财政审查委员会，确立其对地方财政监督的主导地位；还要有的放矢地利用第三方机构的监督和评估报告来反思工作。

近年来，国家第三方监督机构不断完善，针对政府财政公开的第三方监督机构除了此次舆情事件提到的上海财经大学公共政策研究中心发布的中国财政透明报告，还有清华大学公共经济、金融与治理研究中心发布的中国市级政府财政透明度研究报告。凭借第三方机构监督的客观性、专业性等特点，建立科学有效的考核评估机制，将各省级政府的财政信息公开程度不足的问题纳入监督视线，可以进一步保障社会民众对政府财政工作的知情权，它的存在对政府透明度的扩大有积极作用。因此，国家应进一步重视以上海财经大学公共政策研究中心为代表的第三方机构的工作成果，使其更好地发挥评估和监督作用。

同时，第三方也应该不断加强自身建设，一方面要多方讨论，从合理性、科学性、可操作性上严格控制考核内容和监督标准，减少因考核内容和监督标准带来的争议。另一方面要科学合理分析信息，对民众除了提交一份数据明晰的榜单外，还要及时反馈考核结果背后深层次的内容——每项指标代表什么意义，被监督者在每项指标上的具体表现如何，来年哪项指标需要加强注意等。第三方监督机构加强对数据的具体分析，形成详细的研究报告，不仅可以让网民更多地了解报告中数据的含义，从而更好地理解政府的财政公开工作；也可以让政府更好地利用第三方机构的成果指导工作，推动财政公开工作的开展。

(三) 立法部门：将"不情不愿"变成常规工作，让有法可依真正得以落实

法律是行政机关活动的准绳，也是对行政行为进行监督和评价的依据。回顾财政透明度的历史，有一段插曲非常耐人寻味。2008年5月颁布的《政府信息公开条例》中提到，政府应该着重公开的内容之一是"财政预算、决算报告"，但是这里的"报告"常被理解为各级人民代表大会上政府提交并宣读的文件。因此，相当一部分省级政府以此为由，拒绝提供除了此"报告"以外的其他任何预算信息，尤其是详细的预算收支数据，这使得预算公开变为一种形式。

历经整整6年，2014年第十二届全国人大常委会第十次会议表决通过了关于修改预算法的规定。新预算法既提出了对预算公开的要求，也对公开的时间、内容、解释说明、不公开所要承担的法律责任都一一提出了固定，大大提高了预算公开的可能性。修改后的预算法表明，除了涉及国家机密的事项外其余的财政预算都应向社会公开[1]。预算法的不断完善，使得我国的财政公开有法可依，有章可循。也正因为此部法律的推动，我国政府的财税透明度虽然历经蹒跚但呈总体进步的趋势。

考虑到法律的基础性地位，全国人大应以现行的《政府信息公开条例》和《预算法》为统领，进一步修订《预算法实施条例》和相关法律，对财政信息公开做出更加细致的规定，为财政公开提供保障，真正实现有法可依。各省级政府也应在保持既有财政透明度的基础上，以法律中的相关规定为财政信息公开的底线，进一步提高财政信息公开的力度。

（作者：黎力菁　洪　磊　刘长喜）

---

[1] 董雯：《给政府财政透明"打分"》，载《浙江人大》2015年第1期。

下 篇

专题研究

网络传播中的财税政策"失真"现象研究报告

一、前言

纵观2016年财税网络舆情，引发网络热议的往往是与群众利益密切相关的财税政策。政府对舆情热点的把握有助其发现政策的漏洞与不足，制定进一步的方针；对政策的宣传与解释也可以让财税政策获得更多民众支持，便利相关政策的推行。

然而在舆论传播中，财税政策也常常受到一些无端指责与恶意攻击。或许相关制度确实尚不完善，但更多情况下政策内容本身在网络传播中的"失真"现象才是造成网民负面情绪爆发的主因。这种网络传播中的"失真"情况可以被大致分为三类：第一类"失真"指的是以"遗产税开征"舆情为代表的无中生谣。或是"误报"又或是"造谣"，此类舆情产生于网络上的虚假传言——例如"遗产税开征"谣言多年来屡辟不止、死灰复燃，其背后并无任何实质性政策的出台。这类谣言被不明真相的媒体与群众大量转发讨论，由此带来了对政府形象的抹黑和对市场、社会造成的扰乱与破坏，这些负面效应都是不容忽视的；第二类"失真"指的是以"年所得十二万为高收入"舆情为代表的有中生谣。部分媒体把"个税重点调节高收入人群"的政策信息和"年收入12万元以上"这一纳税主动申报标准进行简单叠加，而扭曲了政策制定的原本意图。这在舆论中形成了较大的群众反响，掀起了一片对"年收入12万元"这一标准的讨伐之声。无论是有心还是无意，这种曲解性的政策"失真"都会对真实政策的推行施加阻力；而第三类"失真"则来源于舆论的有中误读。以2016年11月爆发的"上海市房产税征收"舆情为例，一则税收缴纳提醒本来只是上海税务部门每年的例行公事，然而在政策公布的第一时间被网民误以为是房产税进一步推开的标志而受到大量关注。尽管这种有中误读很难说对政府与社会造成了什么实质性的损害，但作为一种不可控的意料外后果，其依然需要引起政府的关注。图1清晰地展现了三类典型事件背后的特征及危害。当然三种概括都不是完美的类型学划分，而是多种"失真"的综合体现。

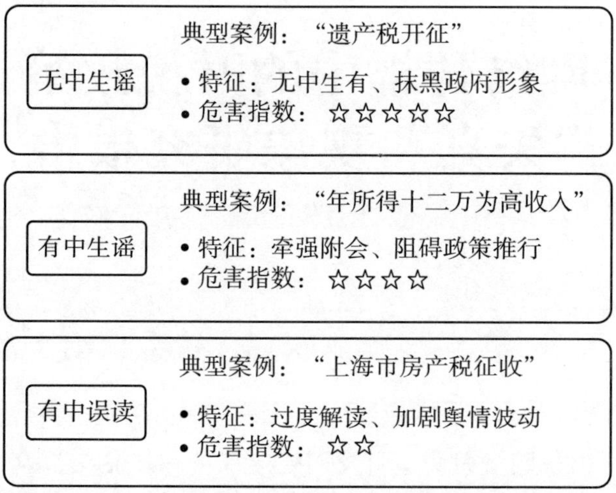

无中生谣	典型案例:"遗产税开征" • 特征:无中生有、抹黑政府形象 • 危害指数:☆☆☆☆☆
有中生谣	典型案例:"年所得十二万为高收入" • 特征:牵强附会、阻碍政策推行 • 危害指数:☆☆☆
有中误读	典型案例:"上海市房产税征收" • 特征:过度解读、加剧舆情波动 • 危害指数:☆☆

图1 三类政策传播"失真"的特征及危害程度

无中生谣、有中生谣、有中误读三类政策在网络传播中的"失真"现象深刻反映了当前我国政府在政策宣传方面尚存不足的现状。政策意图如若不能准确的传达至各个舆论角落,就可能发生政府因谣言李代桃僵、受到舆论无端指责的情况。因此具体分析这些政策"失真"的具体成因,探究其在传播中的共性与特点,对于准确传达政策意图、合理引导舆论具有重要的意义。

二、政策传播"失真"背后的客观原因

"一千个读者就有一千个哈姆雷特。"一个话题、一项政策在舆论场中传播的过程就是其经过各个主体之口不断再造的过程,由此产生的"失真"似乎是不可避免的事情。但是我们的政府部门真的缺乏直达民众的发声渠道吗?大量官方微博、官方微信公众号正在逐步建立;网络空间中主流门户网站在信息集散与民意引领上的优势也足以承担政府拨云见日的喉舌。在这种情况下,"失真"政策依旧能够在网络传播中形成舆论爆点,在网民中产生广泛影响,其背后必然有着更深层次的客观原因。如图2所示,背后热点、关联政策、数字入题、网站把关四方面的因素综合导致了三类政策传播"失真"现象的发生。三类"失真"现象的相关指标具体参见后文分析。

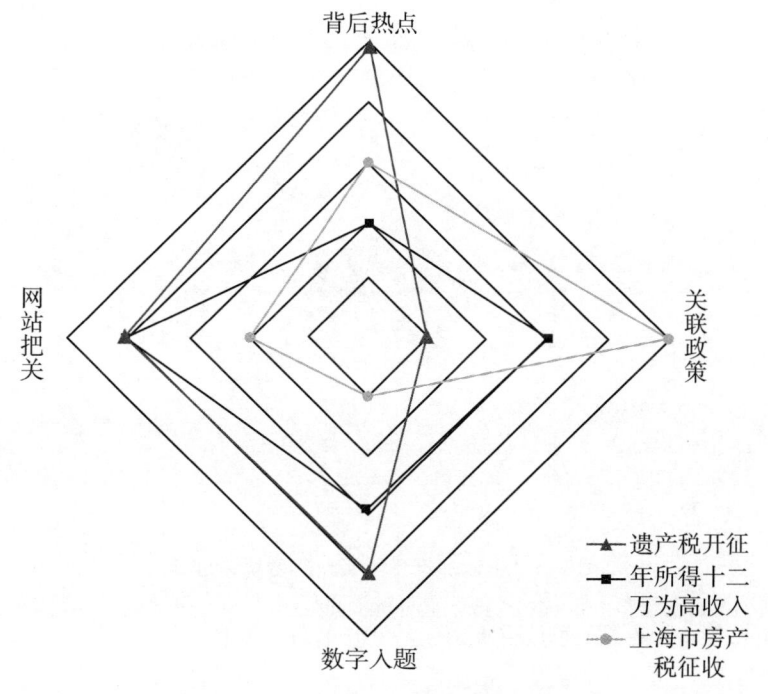

图2 三类"失真"成因特征雷达分布图

（一）背后热点成为爆发推手

便利法则揭示了人们往往会更加关注那些容易进入他们脑海的事物。与近期热点相联系的舆情更易引发民众共鸣，也常因此备受关注。三类"失真"的政策之所以在舆论场中得到了比真实政策更为迅速的传播，正是由于其包裹上了舆论热点的外衣——对于近期发生的这三起政策"失真"舆情而言，即是当前火爆的楼市。

从图3与图4中可以看出，根据百度指数需求图谱的分析，无论是"上海市房产税征收"舆情事件还是"遗产税开征"舆情事件，舆论都将其与房价、房产等关键词相联系。这些与楼市相关的关键词在话题讨论中占据了较高的热度，且与话题中心联系较为密切。而进一步引用上海开放大学信息安全与社会管理创新实验室数据采集系统（以下简称"开大系统"）所收集的数据，我们可以发现在"上海房产税"舆情事件中，讨论"全国房地产"的话题占比为5%，讨论"房价要降"的话题占比为4.34%，这两大直接与楼市相关的话题接近总舆情的10%[①]；而在"开大系统"所采集到的1 200个"个税12万"舆情样本中，包含

---

① 上海开放大学信息安全与社会管理创新实验室数据采集系统，涉及时间范围从2016年11月5日0时至11月20日0时，采集时间：2016年11月30日。

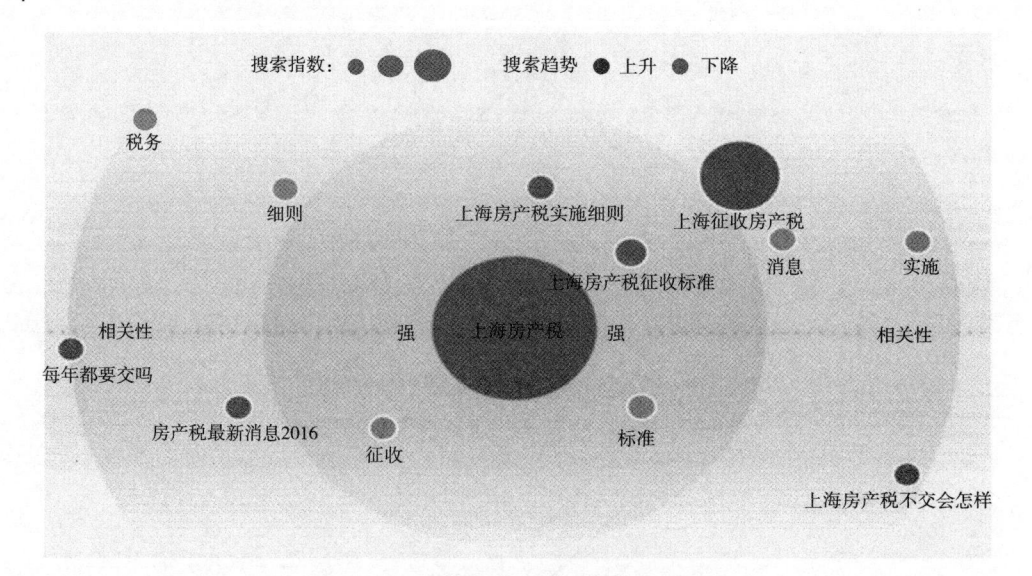

图 3　"上海房产税"百度指数需求图谱

资料来源：百度指数，https://index.baidu.com/?tpl=demand&word=%C9%CF%BA%A3%B7%BF%B2%FA%CB%B0，采集时间：2016年12月5日。

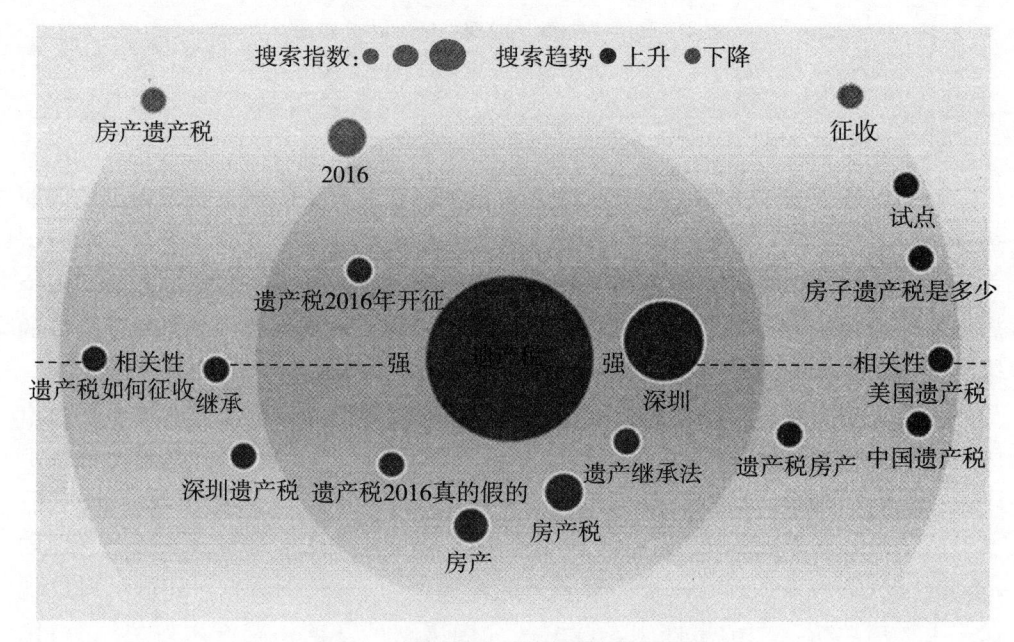

图 4　"遗产税"百度指数需求图谱

资料来源：百度指数，https://index.baidu.com/?tpl=demand&word=%D2%C5%B2%FA%CB%B0，采集时间：2016年12月5日。

"买房"、"房价"、"房租"等与楼市相关关键词的样本达到 124 个，占比 10.33%；同样地在"遗产税开征"舆情中，仅话题"房子是如何变成负资产"一项的占比就达到了 4.11%。① 通过两大舆情数据系统的相互补充与验证，不难发现今年下半年发生的这三起由政策"失真"而来的舆情事件都和当下楼市火热的现状有着密切联系。

其一，对"上海市房产税征收"舆情事件而言，相关的房产税政策被网友或看作是抑制房价的一剂猛药，或被网友看作是推动房租上涨的一剂毒药。如"开大系统"所列热门新浪微博榜首的财经网官微 11 月 8 日所发布的题为"上海：年底前需缴纳房产税"的微博下，一位名为"陈永德－福清"的网友就指出："要就要推出房产税来抑制房价，让实体经济有活力发展！"；而同条微博下名为"小时候等等我"的网友就对政策充满了讽刺之意："上海人民喜迎房租上涨"。②

其二，在"遗产税开征"谣言的扩散中，网友也把谣传中的遗产税看作是政府剪房价上涨的"羊毛"。③

其三，"年所得十二万为高收入"舆情事件中，网友对于媒体曲解产生的"12 万标准"的不满也在某些程度上被和房价的不断高涨联系起来。"开大系统"采集到的一篇数字报转引中国青年报的文章《"年收入 12 万元是高收入群体"的谣言为什么会火》中就用充满自嘲的口吻写道："数年不吃不喝才能在大城市买得起一个厕所的穷人，怎么忽然成了高收入群体？"④

由此可见，这三起 2016 年下半年发生的舆情事件与时下火热的楼市有着密切关系。正是由于媒体与网民对于楼市的关注，才使得披上楼市外衣的"失真"政策较政策实情在网络上传播的更为迅速与广泛。

（二）关联政策改变舆情走向

在三类网络传播中的政策"失真"中，除了无中生谣多是无中生有之外，后两类由扭曲的政策解读产生的"失真"除了受到社会热点的影响，还与关联政策的出台密切相关。

我国改革开放后飞速发展的经济社会面貌带来了具体政策的不断变革，但是政策上的变革往往是滞后于经济社会发展的，往往新政策出台时，旧的配套政策还在延续。如果媒体把旧政策中的规定、定义拿来解释新的政策草案、意向中的模糊性概念，就会产生对政策的曲解。就像"年所得十二万以上为高收入"舆情

---

① 上海开放大学信息安全与社会管理创新实验室数据采集系统，涉及时间范围从 2016 年 10 月 20 日 0 时至 10 月 29 日 0 时，采集时间：2016 年 11 月 30 日。
② 新浪微博，http://weibo.com/1642088277/Egzh8zTqL，采集时间：2016 年 12 月 5 日。
③ 详见本书《缘何屡屡"死灰复燃"？——遗产税开征谣言专题研究》一文。
④ 上海开放大学信息安全与社会管理创新实验室数据采集系统，采集日期：2016 年 11 月 30 日。

事件中，部分媒体将国务院11月21日发布的《关于激发重点群体活力带动城乡居民增收的实施意见》里"实施财产性收入开源清障行动，实施收入分配秩序规范行动；进一步减轻中等以下收入者税负，同时适当加大对高收入者的税收调节力度，堵塞高收入者非正规收入渠道，发挥收入调节功能"这段话单独拿出来，又将其中"高收入者"一词片面地用2005年制定的"年所得12万元以上的纳税人，在年度终了后3个月内到主管税务机关办理纳税申报"这一程序性规定来解释[1]。这种用旧的程序性规定来解释新的方向性意见的做法无视了我国当前的改革发展背景，无疑会严重歪曲政府推行政策的原意，对政府形象与政策推行带来不利的影响。

而除了有中生谣现象受到此前关联政策的影响，舆论对政策的误判也往往基于相关的政策讯息。就在上海市税务部门发布2016年房产税缴纳信息之前一个工作日，即11月4日，时任财政部部长楼继伟在"财政与国家治理暨财政智库60年"研讨会上书面讲话中透露，环境保护税、个人所得税、房地产税等改革正在积极推进。他表示，以改进预算管理、完善税收制度，以及建立事权和支出责任相适应的制度为核心内容的财税体制改革，相继推动出台了一批有力度、有分量的改革成果，现代财政制度建设迈出实质性步伐。[2] 因此网络上把2016年例行公事的"上海市房产税征收"误判作进一步铺开房产税的标志，很大程度上应该是受到了此前政府放出的"房地产税"改革的影响。"开大系统"中采集到的舆情中被转发次数最高的新闻——《房产税和房地产税有什么区别？》（发布于中国网财经频道，被转载294次[3]）——也充分体现了两起舆情事件中的联系。

（三）数字入题使信息更具欺骗性

本书《缘何屡屡"死灰复燃"？——遗产税开征谣言专题研究》一文曾经提及该次无中生谣的传播具有很高的欺骗性，与谣言文章多以数字入题，在一般民众面前乍看可信有着很大关系。

财税舆情由于其专业性，普通民众进入这一话题具有一定的门槛，在一般情况下财税舆情的热度要远远低于民众更容易参与的医疗舆情或教育舆情等。而在爆发性的舆情事件中，如果没有专业人士的及时参与，普通民众辨别消息来源的真假也较为困难。因此用数字包装后、看似专业可靠的消息更容易被网民转发与评论——无论是在谣言的传播还是政策的曲解中，这一现象都普遍存在。

在"年所得十二万为高收入"舆情事件中，前50条最热门的微博里有44条

---

[1] 详见本书《无稽之谈？有迹可循！》一文。
[2] http://finance.sina.com.cn/roll/2016-11-05/doc-ifxxnety7387743.shtml，采集时间：2016年12月5日。
[3] 上海开放大学信息安全与社会管理创新实验室数据采集系统，采集日期：2016年11月30日。

微博都在开头醒目位置突出了12万元这一数字，而在前200条热门微博中，也仅有不到10%的微博没有涉及具体的数字分析。无论是中国新闻网官微发布的标题为《个税改革，年收入超12万或将重点调节［思考］》的曲解微博，还是新浪财经官微发布的标题为《评论：年收入12万元成高收入群体个税改革别误伤中产》这一基于曲解的评论微博，抑或中国新闻网官微随后以《专家：年收入12万是高收入人群纯属谣言》为题的更正微博，无不以醒目的数字吸引网民眼球，又在正文中用具体的数据来进一步说服网民，达到用数字为其背书的目的。①而在"遗产税开征"舆情事件中，前20条热门微博中有11条在内容中涉及了具体的征收税率、税额计算办法与相应的减免税条款，数字与专业性内容的占比同样超过半数。

此外，"上海市房产税征收"舆情事件也从反面印证了"数字"在舆情传播中的说服力。由于作为舆情的发起点的上海税务官微在其引爆舆情的微博中用明确表达了缴税的税率、计算办法、减免政策等多项内容，消息专业性与权威性都很强，因而成为了媒体引用转发的主流。据"开大系统"显示，事件中最热门的前8条微博都直接引用了上海税务官微的发布内容，从而避免了无中生谣与有中生谣的发生，从源头上减弱了网络传播中政策"失真"可能产生的危害。

（四）网站把关不严使传谣辟谣频发

一般民众对专业财税消息辨识能力的不足导致了微博等网络舆论场中以数字入题的"失真"政策容易得到转发，按理说专业知识过硬的门户网站一般很难犯下这类错误，并且应该在舆情中发挥其引导舆论、拨云见日的作用。然而事实上，由于门户网站追求新闻的时效性，有些情况下未经充分考证调查就率先发布不实消息，先用爆炸性标题与内容吸引民众眼球，骗取一波点击量，又在事实澄清后紧跟官方辟谣，对此前同行乃至自己发布的不实消息大加批驳，再博取一波关注。这种门户网站间先传谣再辟谣的做法在三类政策传播"失真"中均有其体现。

其一，在有中误读上，大型门户网站较网友解读要更为专业谨慎，不容易犯下低级错误。因此"失真"多产生于小型门户网站，其媒体素质与专业能力制约了其发布消息的准确性，而在此类消息形成一定规模后，主流门户网站也多发文纠正网络上的错误认识，能够一定程度上遏制"失真"政策蔓延。如"上海市房产税征收"事件中，汉丰网题为《上海年底前开征个人住房房产税》的不实解读新闻被转载157次，转载量位居第四位；而转载量分别排名第五、六、八位的凤凰网新闻《上海税务：请于年底前缴纳个人房产税》、腾讯网新闻《房产税与房地产税：一字之"遥"》与汉丰网自己的更正新闻《上海正式开征房产税？

---

① 上海开放大学信息安全与社会管理创新实验室数据采集系统，采集日期：2016年11月30日。

系房产税试点例行缴税通知》均对此前的不实信息进行了更正。①

其二,在无中生谣与有中生谣方面,主流门户网站不止地向民众传递了错误信息。首先就是在无中生谣方面,门户网站经常混淆视听,在陆续报道中逐渐把官方、半官方人士,甚至非官方专家的言论偷换为政府意向。2013年反复出现的"遗产税开征"谣言最早就产生于以搜狐财经《国务院参事:征收遗产税写入三中全会文件草稿》等门户网站相关报道。② 其次,在无中生谣和曲解的传播中,主流门户网站也扮演了重要角色。

表1 官方发声前后报道主要媒体对比表

舆情事件	媒体参与度顺序	参与传播的主要媒体	
		官方发声前	官方发生后
"遗产税开征"	第一位	凤凰新闻	腾讯新闻
	第二位	搜狐新闻	搜狐新闻
	第三位	腾讯新闻	凤凰新闻
"年所得十二万为高收入"	第一位	腾讯新闻	腾讯新闻
	第二位	搜狐新闻	搜狐新闻
	第三位	网易新闻	凤凰新闻

资料来源:上海开放大学信息安全与社会管理创新实验室数据采集系统,采集日期:2016年11月30日。

结合表1与"开大系统"中获得的具体数据,我们发现在官方发声前:"遗产税开征"无中生谣传播中最活跃的平台是凤凰新闻,占比达到44.44%。搜狐新闻与腾讯新闻分列二、三位。而"年所得十二万为高收入"有中生谣中最活跃的平台是腾讯新闻,占比达到41.74%。搜狐新闻与网易新闻分列二三位。而在官方发声后,同样是这些媒体紧跟政府步伐,修正此前的错误报道。两部分舆情传播中的主要参与媒体重合度极高。因此本文认为,尽管这些门户网站随后紧跟政府辟谣,纷纷发布文章扭转舆情,但并不能掩盖此前它们散布不实消息,对国家社会造成损害的事实。

三、"失真"受害者怎样主动自救?

网络传播中的政策"失真"背后有其深层次的客观原因。但是主观层面上,

---

① 上海开放大学信息安全与社会管理创新实验室数据采集系统,采集日期:2016年11月30日。
② 详见本书《缘何屡屡"死灰复燃"?——遗产税开征谣言舆情研究报告》一文。

财政、税务部门作为财税政策颁布的源头，在财税舆情传播中依然有其作为之地。通过观察以"遗产税开征"、"年所得十二万为高收入"、"上海市房产税征收"三起舆情案例为代表的三类政策传播"失真"现象，我们可以看出财税部门的官方发声对于传播"失真"的程度、传播范围和网民的情感态度都有着一定影响（如图5所示）。

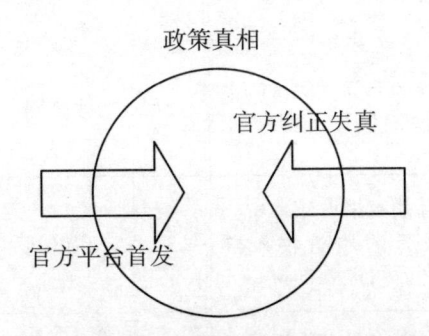

图5 官方"自救"找回舆论政策真相

（一）舆情是否由官方平台首发会影响传播"失真"的程度

"上海市房产税征收"舆情事件与另外两起舆情事件最为显著的不同之处应当是前者的舆情首发于上海税务的官方微博，而后者舆情首发于门户网站的报道。首发于官方发声平台的财税舆情如果能辅以翔实的介绍、解释，消息主要经由主流门户网站向外扩散，在被其他门户网站转载时就能减少由二次解读产生的传播"失真"，从而使政府部门掌握舆论的主动权。而如果官方发声主要由媒体传播，就有可能发生各类门户网站任意解读，乃至主流门户网站反向转载小型门户网站的现象。由表2可见，这一特点在"上海市房产税征收"、"年所得十二万为高收入"两起舆情事件的对比中非常突出。而就"遗产税征收"事件而言，由于其产生于网络谣言，因此政府从一开始就处于被动的局面上，主动权完全掌握在媒体手中，这也导致了舆情传播初期存在着大量的不实信息。

（二）官方发声纠正与否会影响网民的情感态度

当政策在网络传播中发生"失真"现象的时候，官方对不实信息的纠正是引导舆论的重要手段。

表 2　　两起舆情事件转载分析对比表

年所得十二万为高收入			上海市房产税征收		
转载排名	网站来源	新闻标题	转载排名	网站来源	新闻标题
1	微信公众号	个税要减咯?	1	中国网	房产税和房地产税有什么区别?
2	和讯网	北上深的韭菜：楼市股市还没套牢的，个税来了	2	搜狐网	房产税试点扩围声音渐小房地产税如何改制引关注
3	金坛论坛	个税要调整了！你是年入超12万的"高收入群体"吗？可能要加税	3	和讯网	我们应该怎样看待房产税?
4	一财网	高收入者将多交税年薪多少引争议	4	汉丰网	上海年底前开征个人住房房产税
5	金融界	人民日报：为何年收入12万元加税是造谣	5	凤凰网	上海税务：请于年底前缴纳个人房产税

资料来源：上海开放大学信息安全与社会管理创新实验室数据采集系统，采集日期：2016年11月30日。

2016年"遗产税开征"无中生谣传播开始于9月18日，而19日广州日报记者致电深圳市委宣传部询问，消息被转到深圳国税局进行核实，得到的答复是"没有接到任何相关通知，也不知此传闻出自哪里""如此重大的政策，肯定要以权威发布为主，网络传闻不靠谱"，官方发声于谣言传播一天之后。[①]

而"个税改革重点调节年收入12万以上人群"的传播"失真"开始于国务院于10月21日公布相关《意见》的第二天，22日网上开始出现对相关政策的曲解，而官方的辟谣则是24日财政部专家的公开发声，发生于曲解传播两天之后。

相比之下，"上海市房产税征收"案例中政府部门没有公开发声，在11月9日有中误读出现之后，门户网站等媒体以重新解读的方式对错误内容进行纠正。

图6反映了三起舆情事件中的舆论情绪态度，我们可以看出在前两起有着官方回应的舆情事件中，舆论的情绪态度明显地偏向正面，而"上海市房产税征收"舆情事件由于缺乏官方回应政策在网络传播中的"失真"，因此舆论情绪态度偏向负面。

---

① 详见本书"缘何屡屡"死灰复燃"？——遗产税开征谣言舆情研究报告"一文。

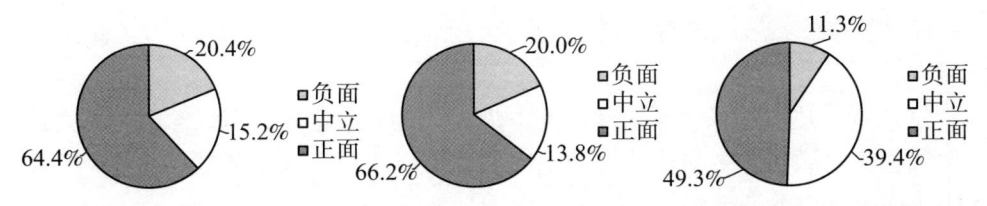

网络传播中的财税政策"失真"现象研究报告

"遗产税征收"舆论情绪态度：负面 20.4%，中立 15.2%，正面 64.4%
"个税12万"舆论情绪态度：负面 20.0%，中立 13.8%，正面 66.2%
"上海房产税"舆论情绪态度：负面 11.3%，中立 39.4%，正面 49.3%

图6　三起舆情事件中的舆论情绪态度

资料来源：上海开放大学信息安全与社会管理创新实验室数据采集系统，采集日期：2016年11月30日。

四、小结与反思

（一）舆情小结：政策传播"失真"背后的"内引"与"外拉"

政策传播"失真"现象中，客观社会因素的外部推动是不实信息在网络上迅速传播泛滥乃至掩盖政策真相的主要原因。但是政府财税部门如果能够合理利用其多种形式的发声平台，积极联系各大新闻媒体传播真相，依然能够产生"内部引力"，将"失真"的政策传播拉回事实正轨（如图7所示）。

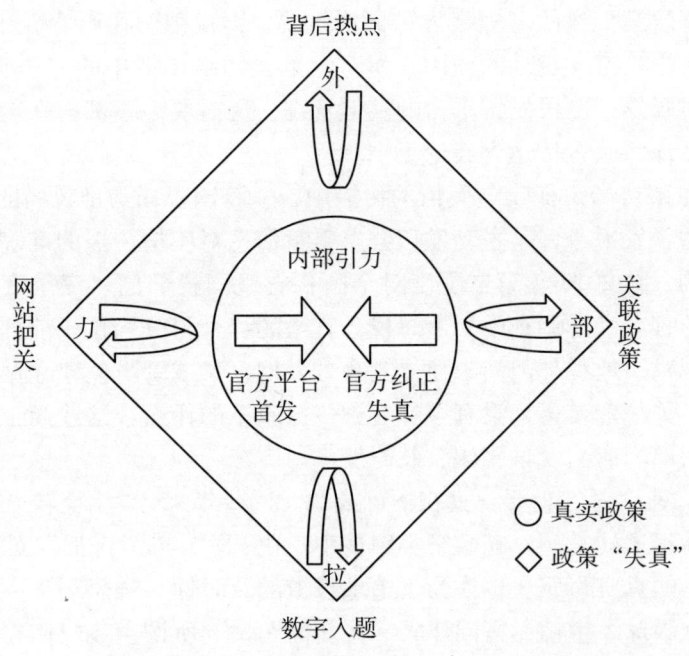

图7　政策传播"失真"背后的主客观因素作用

· 99 ·

而具体来看，三类政策传播"失真"对应的"内引"、"外拉"又有其各自的特点：

（1）背后热点的推动作用对三类"失真"均有其影响，但以无中生谣为最。

（2）关联政策主要影响了有中生谣与有中误读两种政策传播"失真"，而对无中生谣的影响不是很大。

（3）数字入题和看似专业性强的内容都能使"失真"信息其更具欺骗性，而在有中生谣与有中误读中，官方信息的专业性与数字含量也能反过来抑制"失真"信息的扩散。

（4）网站把关不严对无中生谣、有中生谣信息传播的影响较大，而在有中误读类信息中，大型门户网站更容易守住"底线"。

而从对国家社会的影响来说，无中生谣与有中生谣主要产生了负面的影响，不利于政策的传达与推行。但从民意反映上来看，这些"失真"政策背后反映的确实真切的民情民意，同样值得政府深入分析了解。而对于有中误读而言，其造成的社会影响未必是负面的，但同样可能带来一定的政策性恐慌。虽然社会危害较小，但这种政策发布的意料外后果同样值得关注。

（二）反思：政府、媒体与网民均应改变

1. 政府：既要甩开膀子，又要喊开嗓子。在自媒体时代，政府不能光会埋头苦干，做好政策传播的"守夜人"同样重要。财税部门在舆情事件中的发声对于正确引导舆论具有关键性的作用。面对政策在网络传播中的"失真"，不仅需要政府加强对媒体、网民发言平台的整顿管理，还需要涉事部门在网络上直接发声，明确清晰地将政策传达到舆论场中。

在"上海市房产税征收"舆情的传播中，上海国税局与地税局的联合官方微博作为舆情的首发平台，其主动发声公布政策信息对舆情传播的准确性产生了明显的正面影响。在2016年第二季度对全国各省级国税部门、三季度对全国各省级地税部门的官方微博调查中，上海税务官微的综合得分均位于前列。但同时仍有一些省级国税、地税部门尚未建立其官方微博，又或者虽然建立微博，但是发声质量不高，关注者寥寥，没有很好起到传播政策的作用。这些尚未意识到主动发声重要性的部门应当及早警醒、及时发声。

2. 媒体：速度固然重要、真相不可或缺。近些年来，"无反转、不新闻"已经成为了媒体报道的常态。在政策类舆情中，"失真"与"辟谣"就是众多政策舆情快热快消的真实写照。也许为了追求报道的及时性，唯恐居于人后；也许是为了吸引公众眼球，生怕无人问津，一些新闻网站、所谓主流媒体在网络传播中并没有真正做到新闻从业者应有的严谨与细致。尤其是目前一些大型门户网站增设自媒体接口，一些自媒体文章未经专业编辑审慎审核就被公布到门户网站上，

甚至被放在首页醒目位置。这些做法虽然有助于提高新闻报道的及时性、丰富新闻评论的多样性，但同时也为有意无意的"先传谣、后辟谣"提供了空间。

"先传谣、后辟谣"的行为也许能够短时间内提升网站流量、增加网站收入，但是长此以往必然会使得网站公德心受质疑、公信力受损害。在报道、转发有社会影响力的消息之前，媒体从业者一定要先考虑报道是否符合事实与真相，是否反映了国家的利益、人民的呼声。而媒体平台也需要结合大数据技术，加强审核，用制度化方式遏制谣言产生。这也是化解目前网络媒体平台所面临"信任危机"的有效举措。

3. 网民：爱宣泄、但更要爱真理。本文此前已经提及，由于财税舆情涉及较为专业的财税知识，但又与百姓利益密切相关，财税政策传播中的"失真"现象较难避免。要减少对政策的误读，避免被媒体中的"标题党"误导，网民只有不断学习了解相关财税知识。这既是健康参与财税网络舆情的要求，更是作为一个纳税人应有的权利与义务。与世界发达国家相比，我国民众的纳税人意识还较为薄弱，对于国家财税政策的关心与了解还停留在浅层。如果民众都能够抱着严谨的学习、讨论态度参与到财税舆情中来，财税舆情一定能更具深度。

此外，部分网民也在传播失真中体现出其文化素养不高的一面。面对强加在政府身上的罪名，这部分网民不管不问，满口粗鄙之语，对网络环境与政府形象皆造成了极大损害。很明显，在网络中做一名"键盘党"，对各类社会现象恣意抨击辱骂虽然能出一时之气，但其本质上是个人不阳光、不自信的表现。长此以往，网络上过度情绪宣泄对个人、对网络环境都是有害无益。因此我们网民应当正视网络环境、善待网络环境，塑造健康网络文化，真正做一个文明的网络人。

(作者：郑　轩　洪　磊　刘长喜)

"全面推行营改增"网络舆情研究报告

导读："营改增"试点起于2012年，随后其试点地区与行业范围不断扩大，经过4年的发展，政府决定于2016年5月1日在全国范围内所有行业全面推行"营改增"。各行业对"营改增"全面推行后的施行效果反馈不一，但就全国范围、所有行业看来，"营改增"后企业税负普遍降低，减税效果明显，在此过程中虽出现了部分服务性行业借"营改增"之名涨价等违法行为，但多方舆情参与主体对"营改增"持支持态度，同时也表达了对政府跟进相关配套措施的期盼。

一、前言

营业税和增值税是我国两大主体税种。营业税是对在中国境内提供应税劳务、转让无形资产或销售不动产的单位和个人，就其所取得营业额征收的税种；而增值税是以商品在流转过程中产生的增值额作为计税依据而征收的一种流转税。2012年开始，为了减少了重复纳税的环节，加快财税体制改革、进一步减轻企业税负，调动各方积极性，促进服务业尤其是科技等高端服务业的发展，促进产业和消费升级、培育新动能、深化供给侧结构性改革。党中央、国务院根据经济社会发展新形势，从深化改革的总体部署出发做出营业税改征增值税的重要决策[①]。

2011年，经国务院批准，财政部、国家税务总局联合下发营业税改增值税试点方案。"营改增"的推行大致经历了由部分地区部分行业到全国范围内部分行业直至全国全行业三个阶段。第一阶段：2012年1月1日至2012年12月1日，上海作为试点城市，率先将交通运输业和部分现代服务业纳入试点，随后试点范围逐渐由上海推广到北京、江苏等其他8省市；第二阶段：2013年8月1日至2014年6月1日，全国范围内将广播影视服务、铁路运输、邮政等部分行业纳入试点范围；第三阶段：2016年5月1日至今，全国范围内试点行业范围扩大到所有行业，并将所有企业新增不动产所含增值税纳入抵扣范围，确保所有行业税负只减不增。至此，营业税正式退出历史舞台，增值税制度将更加规范，这是

---

① 白彦锋、李思畅：《全面营改增的经济效应分析与前景展望》，载《公共财政研究》2016年第3期。

自1994年分税制改革以来,财税体制的又一次深刻变革,具有很高的关注度,各界媒体作为发声器也对这一变革展开舆论宣传。

二、舆情事件生命周期

"营改增"的推进是一个历史的过程,其在试点运行初期并没有引起太大的舆论关注。由于政府何时全面推行"营改增"尚不明确,2016年以前,媒体报道与民众搜索关注度均较低,媒体报道量在500左右,民众搜索量在1 000以下。但进入2016年后,"营改增"的舆情关注度出现了显著变化。李克强总理主持召开座谈会,研究全面推开"营改增",加快财税体制改革;财政部部长楼继伟在两会记者会上回答营改增相关提问时称:"'营改增'今年是个硬任务,军令状要完成。""两会"关于"营改增"改革政策的发布,标志着"营改增"进入全面实施的倒计时阶段,"营改增"的影响将扩展到各行各业,涉及每个百姓的日常生活,"营改增"的百度指数开始呈波动上升态势,并在4月底达到峰值。

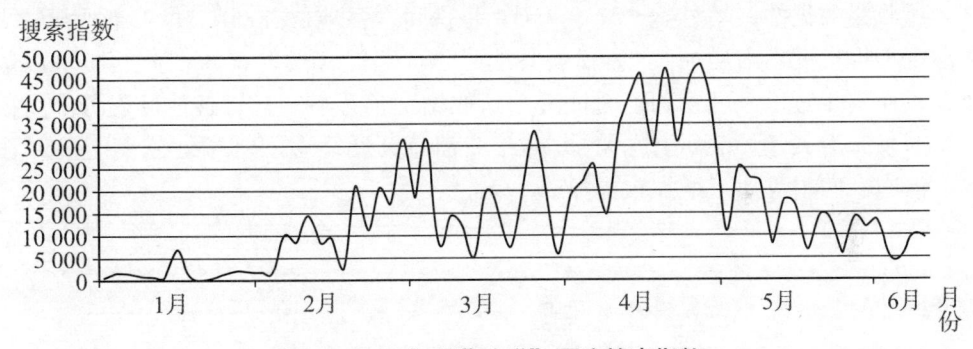

图1 2016年"营改增"百度搜索指数

数据来源:百度指数,http://index.baidu.com/? tpl = trend&word = % D3% AA% B8% C4% D4% F6,收集日期:2016年6月9日。

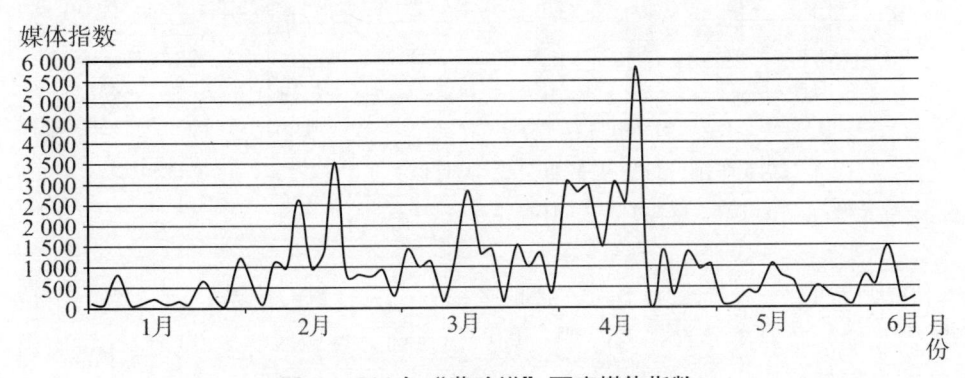

图2 2016年"营改增"百度媒体指数

数据来源:百度指数,http://index.baidu.com/? tpl = sentiment&word = % D3% AA% B8% C4% D4% F6,收集日期:2016年6月9日。

百度指数显示,"营改增"成为2016上半年的热门话题。5月初全面推行"营改增"之后,有关"营改增"的疑虑与担忧逐渐消失,民众开始适应与接受"营改增"带来的影响,关于"营改增"的媒体报道指数与民众搜索指数总体呈下降趋势。

三、"营改增"舆情事件背后各大主体角色分析

(一)政府:政策制定者、舆情引导者

在"营改增"的推行过程中,政府既是政策发布与实施的主导者,也是政策宣传与社会舆论的引导者。2016年1月以来,李克强总理多次在会议中表态推动"营改增",相应政策不断颁布,相关决定与文件逐渐增多。官方宣传也随之推进,中央政府首先发声,随后各级政府纷纷在官方舆论平台上转发相关会议决定与政策文件,积极为全面推行"营改增"营造良好的舆论环境。

所收集数据的结果显示,3月份至4月份间,各地税务部门对"营改增"的关注度与推进度逐渐增加。3月份,各地区税务部门官微发布的相关的微博数量较少;而到4月份,进入到全面推行"营改增"前最后一月,各地区税务部门官方微博发布的关于"营改增"的微博相关消息开始增多,其中北京、上海、江苏、河南、四川等地区增加较为显著。

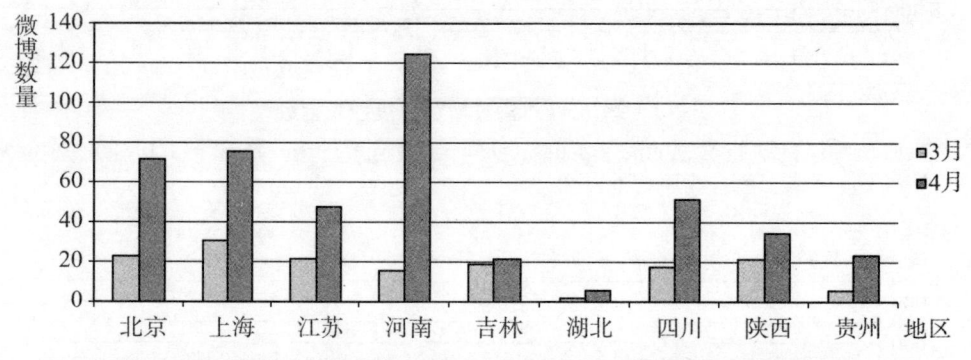

图3 2016年部分地区税务机关3、4月份关于"营改增"的微博总量
资料来源:新浪微博,采集日期:2016年6月14日。

在舆情初期,社会反响不强,各地区税务机关官方微博是"营改增"舆情的主要发出地。政府主导着"营改增"的舆情走向,各地区税务部门以配合中央政府、大力贯彻落实为主,积极宣传"营改增"的积极作用与现实意义,对"营改增"的相关政策文件进行详细的解读。在全面实施"营改增"的倒计时阶段,

各地区政府税务部门官方微博均大力宣传"营改增",为全面实施"营改增"营造了良好的舆论氛围。

(二)媒体:舆情传播者、政策评价者

新闻媒体作为发声器,在"营改增"全面推行的过程中扮演着重要角色,承担着传播重任。政府3月18日发布"5月1日将全面推行'营改增'"的决定,新浪新闻、网易新闻、搜狐财经、人民网、新华网、腾讯网、南方财富网等主流门户网站均纷纷报道。在政府后续发布"营改增"相关政策文件后,各主流媒体均对其进行了报道与分析,并对相关财税知识进行普及,对"营改增"相关文件进行解读。

除了传播政府决定与相关文件,媒体还担负着舆论评价的责任。几乎所有主流媒体都对"营改增"持支持态度,对其积极作用大力宣传。如腾讯网在"营改增"试点阶段便进行报道①,并在"营改增"加速推行过程中及时转发政府决定与相关文件,对政策实施的前景做出良好的预期②;人民网也对"营改增"进行了一系列正面的评论③。在"营改增"热点舆情事件"部分酒店借'营改增'之名涨价"中,新闻媒体率先曝光此事,对整个事件舆论的发展具有巨大的推动作用,在下文中将做进一步分析。

同时也有部分新闻媒体对"营改增"过程中出现的问题提出批评与怀疑,在"营改增"推行过程中,新闻报道中出现了"小银行赋税上升"、"建筑业压力巨大"等字眼,部分媒体认为"营改增"全面推行过程中存在步伐过快,相关配套政策措施不到位等问题。但是总体看来,但新闻媒体对"营改增"还是以积极宣传,支持政府工作为主的。

(三)企业:积极参与、利弊各异

企业是"营改增"政策的直接承担者。在"营改增"不断深化的过程中,企业积极参与这一过程,加速了政策的推行。同时"营改增"的推进使得产业链各环节更加明晰,部分企业在产业链中重新定位,更有利于企业的发展。但"营改增"在给企业带来福祉的同时,也对部分行业的部分企业提出了挑战。在交通运输业、建筑业、金融与信息服务业的部分企业,由于可进项较少,抵扣不足,

---

① 《营改增试点减税超400亿带动产业新结构》,http://finance.qq.com/a/20130201/005217.htm,采集日期:2016年6月9日。
② 《李克强谈"营改增":确保所有行业税负只减不增》,http://news.qq.com/a/20160319/033324.htm,采集日期:2016年6月9日。
③ 《营改增将全面"落地开花"(热点聚焦)》,http://finance.people.com.cn/n1/2016/0127/c1004-28087458.html,采集日期:2016年6月9日。

出现了赋税加重的情况。此外,"营改增"在促进企业提升管理能力的同时,也给小企业带来了财务核算的挑战与税务方面的风险。

在减税福利与调整压力共存的情况下,绝大部分企业表现出积极参与学习,支持"营改增"的态度。以某酒店主管在接受采访时就直言:"少缴的税对我们来讲不是小数"、"对小规模纳税人来说,'营改增'以前,缴纳5%的营业税,现在缴纳3%的增值税,经测算,基本上一年就能够减负10万元左右"①。但同时少部分建筑业、交通运输业、银行业企业却表示"营改增"之后其赋税不减反增,对政府全面推行"营改增"的作用产生质疑。以北方一家小银行为例,该小银行每年因为"营改增"将少赚大约5 000万元②。虽然部分企业对"营改增"做出表示质疑的舆论评价,并引起讨论,但影响不大,在舆论场上企业对政府全面推行"营改增"持支持态度依然占据主流。

(四)民众:关注改革、有喜有忧

政府政策措施的施行,民众的支持与参与不可或缺。在"营改增"试点初期,其只涉及部分行业和企业,"营改增"对民众的生活影响尚不显著,普通民众对"营改增"的关注度不高。5月1日起全面推行"营改增",其对民众的影响也随之扩大,民众的关注度也逐渐提高。从宏观上看,"营改增"后税负总体下降,企业活力大增,就业压力缓解,民众间接受益。从微观生活上,如"营改增"后个人二手房买卖的税率依然是5%,但是税负减少,对于大部分购房者来说买卖二手房所需缴纳的税费总额减少。因而总体趋势来看,民众对政府全面推行"营改增"持支持态度。同时,"营改增"也对民众的生活带来了某些不便,如消费开具发票的流程繁琐,部分餐饮商家、酒店趁机以"营改增"的名义涨价都对民众的生活带来了不便。这引起了民众对政府全面推行营改增的质疑,出现了"不知道政府到底在干嘛"之类充满质疑与不满的评论。围绕"营改增"是否真正减负网民展开激辩,此时民众对"营改增"的关注度达到峰值。

四、"营改增"典型案例分析

(一)案例简介

本研究已经分析了在"营改增"全面推行过程中,各参与主体——政府、媒

---

① 《生活服务业:服务业占七成各业态减税明显》,http://edu.gmw.cn/newspaper/2016-06/08/content_113061594.htm,采集日期:2016年6月9日。

② 《一家小银行的"营改增"账本》,http://business.sohu.com/20160511/n448776801.shtml,采集日期:2016年6月9日。

体、企业、民众——所扮演的角色与在舆情发展中的作用,下面以典型案例来分析各主体在具体"营改增"舆情事件呈现出的态度与行为。

2016年以来,政府大力推进全面实施"营改增"的过程中并没有出现太多引起大规模舆论反应的事件,政策推行较为顺利,各行业、各部门配合为主。但在4月份出现了部分酒店借"营改增"之名涨价的现象,在社会上形成负面影响,民众对"营改增"实施产生质疑。此次事件影响范围较广、社会讨论热烈,因此本文以该事件作为"营改增"舆情典型舆情案例进行分析。

(二) 舆情发展历程

此次事件的舆情发展大致可以分为开端、发展、高潮、消退四个过程。

1. 开端:部分酒店以"营改增"为名涨价,引起舆论反应。4月13日网易新闻发表了一篇名为《酒店:涨价是因为营改增税务局:别拿营改增说事》的文章[1],对部分酒店以"营改增"为名进行涨价进行报道,这是互联网上可以搜索到的曝光最早的"酒店借'营改增'之名涨价"的信息,但舆论反映不大。4月13日新浪微博"@第一财经"也以该题目发布微博,只有5条评论,虽未引起广泛关注[2],却是事件走进民众视野的开端。

2. 发展:主流媒体与门户网站开始大量报道,舆论热潮开始酝酿。4月14日至23日,搜狐网,新华网,凤凰资讯,网易新闻等主流媒体网站开始大量出现关于酒店借"营改增"之名涨价的报道,在这些报道中,出现了如《酒店因"营改增"涨价?要分清短痛与长期利益》等题目,各主流媒体开始对这一事件进行财税方面的解读。新浪微博上,以转发主流媒体网站的文章链接为主。综合来看,这一时期,关于酒店借"营改增"之名涨价的舆情逐渐增多,引起网民较多的关注和讨论。

3. 高潮:政府强力回应、媒体纷纷报道,社会舆论达到高潮。4月24日,财政部部长楼继伟就"营改增"后酒店业税收负担问题答记者问时对这一事件做出回应,称近期有些酒店调价,把涨价扣在"营改增"头上,是一点道理都没有的。随后凤凰财经、财新网、网易新闻、搜狐网、新浪网等几乎所有主流媒体网站纷纷转发政府对此事的回应文章和相关报道;微博上,各财税大V与各大网站微博、各地区税务部门官方微博也纷纷转发,该事件的舆情达到高潮。

4. 消退:政府回应奏效,舆论逐渐消退。5月下旬至今,该事件舆情处于消退阶段,社会舆论逐渐消退。互联网上搜索"酒店借'营改增'之名涨价"或

---

[1] 《酒店:涨价是因为营改增税务局:别拿营改增说事》,http://sz.house.163.com/16/0413/08/BKH4IAF300073T3P.html,采集日期,2016年6月15日。

[2] 新浪微博,"@第一采集",http://weibo.com/diyicaijing?refer_flag=1001030103,采集日期,2016年6月15日。

相关信息，新闻低于20篇，各媒体网站对此事的报道逐渐减少，在仅有的报道中，大多以民众举报部分酒店借"营改增"之名涨价为主，如新浪新闻发表文章《四家酒店因以"营改增"为名乱涨价被举报》[①]。而微博上关于该事件的新闻或发言也寥寥无几，总体来看，酒店借"营改增"之名涨价的舆论逐渐消退。

（三）舆情事件中各主体分析

1. 政府：多层次及时发声、强力扭转舆论。在关于部分酒店借"营改增"之名涨价的报道越来越多，这一事件愈演愈烈之际，政府及时对此做出回应。财政部部长楼继伟称价格调整本来是酒店的经营行为，但把涨价扣在"营改增"头上，是一点道理都没有的。上海市税务机关紧接着发文称，酒店行业整体税负不会增加。如果将加价的原因归于改征增值税带来税负的增加，这势必影响税制改革成果的客观性。中央政府门户网站于5月5日发表文章《商家借"营改增"涨价站不住脚》对这一事件做进一步阐释，文章指出"营改增"是减轻企业负担的利民措施，把涨价的原因算在"营改增"上，显然不能成为理由。部分商家以"营改增"为借口涨价涉嫌不规范经营行为。政府部门一方面要做好政策的宣传贯彻工作，另一方面要对借"营改增"提价的违法违规行为加大监管，及时纠正。同时，全国各地区税务机关官微纷纷转发中央政府关于这一事件的解释与回应，并进一步对"营改增"的实施细则做出说明，及时扭转舆论走向。在政府做出强力回应之后，各界关于此事的舆论矛头纷纷转向斥责违法违规酒店，政府及时扭转了舆情走向。

从事实角度来看，政府对这一事件做出强力回应，指出酒店以"营改增"为名进行涨价是涉嫌违法的行为，体现出政府对全面推进"营改增"的重视程度。从舆情角度来看，政府积极排除全面推行"营改增"的阻碍，消除不良事件及舆论的影响，展示了政府的态度与决心。

2. 媒体：质疑商家涨价、助力政策释疑。在酒店以"营改增"为名进行涨价的初期，媒体对该事件的报道以质疑为主，质疑商家的行为是否具有合法性。当政府及时、强力回应社会舆论中的质疑之声后，各媒体纷纷转发政府相关文件与报道，助力政府澄清政策内容与影响，理顺社会言论，扭转负面情绪。媒体对不法商家以"营改增"名义涨价的行为进行谴责，呼吁民众及时举报出现违规行为的酒店。如新浪财经发表文章《酒店集体涨价莫拿"营改增"当借口》称，这些酒店一方面享受着国家政策的减税红利，另一方面又集体涨价，并将两者关联起来，有企图抹黑国家减税政策、阻挠"营改增"顺利实施之嫌。对于这种扰

---

① 《四家酒店因以"营改增"为名乱涨价被举报》，http://news.sina.com.cn/c/nd/2016-05-20/doc-ifxsktkp9038886.shtml，采集日期，2016年6月15日。

乱市场经济秩序、损害稳定发展大局和消费者利益的行为，必须坚决纠正。其他新闻媒体如凤凰财经、网易财经、搜狐财经等门户网站纷纷转发税务局对此事的回应或发文对此事进行评论，对"营改增"之后酒店赋税减轻不应涨价的财税机制进行说明。在这一阶段，百度搜索"酒店涨价与营改增"，有相关新闻4 670篇，各主流媒体对该事件的关注度较高。

可以看出新闻媒体在此次舆情事件中，扮演着政策宣传者的角色，及时转发政府相关回应，协助政府扭转社会上关于营改增的负面舆论评价，并以从财税机制角度做出专业解释，积极配合政府政策的推行。

3. 企业：妄图诽谤政策、被迫承认错误。涨价酒店是此次事件的始作俑者。以凯悦、洲际、万豪、希尔顿等国际酒店集团为代表，纷纷以"营改增"为名涨价6%左右。在媒体曝光酒店涨价初期，酒店以"营改增"作为其涨价的幌子，以万豪酒店为例，称"营改增"之后其赋税加重，其利用大部分消费者不了解酒店行业"营改增"细则的空子涨价。这些酒店对"营改增"政策的诽谤，引起了这次较大规模关于的舆论反应，对全面推行"营改增"产生了不良影响。在政府做出强力回应，解释改革减轻酒店赋税之后，部分涨价酒店被联合约谈，并对部分涨价酒店做出处理。在政府强力回应，媒体大力宣传，民众不断谴责的过程中，部分涨价酒店开始称其涨价是市场经济下合理范围内的调整，"营改增"不再成为酒店涨价的借口。

此事件中，酒店在执行过程中出于盈利目的，以"营改增"受害者的姿态，把"营改增"作为其借机涨价的理由，有阻挠改革顺利实施之嫌。其后续给出的涨价原因也从一个侧面反映出，"营改增"确实是减税的政策，且在"五一"旅游旺季结束，酒店大多重新调落其房价，更说明"营改增"使其赋税加重只是酒店在旅游旺季涨价牟利的幌子。

4. 民众：存在一定质疑、认同政府解释。微博是民众在此次舆情事件中发声的主战场。该事件发生初期，部分专家学者率先做出解释，如上海财经大学胡怡建教授表示，考虑到酒店用具、租金、购入不动产等可以纳入进项抵扣，实际上酒店税负大幅下降。这些酒店提价是市场行为，不应将提价理由归于"营改增"，误导消费者。但部分网民对酒店以"营改增"为名涨价的行为依然表示不解和疑惑，首先是民众不理解为什么"营改增"之后酒店会涨价。此外，有部分网民开始质疑政府全面推行"营改增"的作用，网民中出现了"'营改增'不应该是减轻赋税吗""受益的不应该是老百姓吗""为什么现在开始涨价了"之类的质疑，在政府作出回应之前，这种对政府政策的质疑有愈演愈烈之势。

在政府做出强力回应，用财税机制来解释"营改增"将酒店赋税减轻，涨价与"营改增"无关之后。网民对这一事件的关注点由"营改增"转移到违规酒店，纷纷对酒店的涨价行为表示愤慨，并先后举报相应违规酒店。新浪微博"@

Vista 看天下"发布了"财政部长回应酒店涨价：别拿'营改增'当借口"的文章，网友评论 128 条，前两条评论分别表示"增值税比营业税合理多了，这个锅财政部不背"，"酒店的负担其实甚至是减税的"共得到 164 次赞同。"@第一财经日报"、"@央视财经"、"@新华视角"、"@财经网"也先后转发相应文章，网友评论共 412 条，其中支持的有 363 条，占比 88%；质疑的有 49 条，占比 12%；见图 4。网友对政府的回应大多数持满意和接受的态度，认可政府全面推行"营改增"，对部分酒店借"营改增"之名涨价的行为表示愤慨。

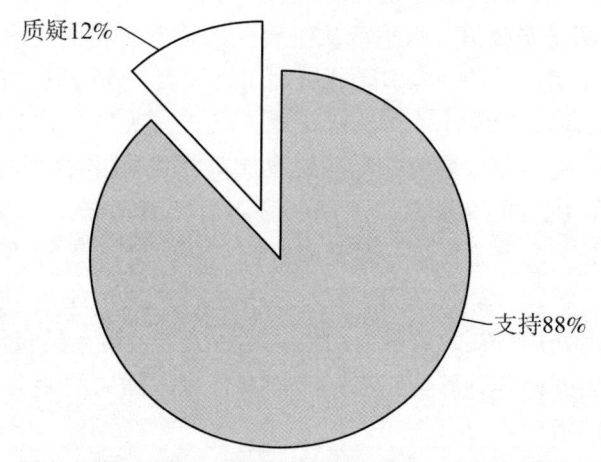

图 4 微博网友关于酒店以"营改增"为名涨价的态度
资料来源：新浪微博，采集日期 2016 年 6 月 14 日。

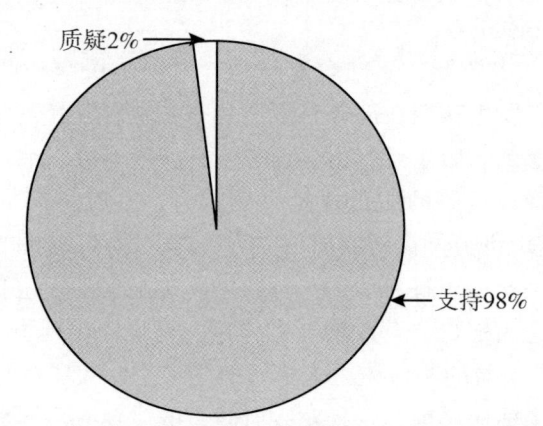

图 5 知乎网友关于酒店以"营改增"为名涨价的态度
资料来源：《知乎，营改增各大酒店纷纷将税费转嫁消费者这一做法是否合理?》，采集日期：2016 年 6 月 14 日。

除微博外，知乎上一个"营改增各大酒店纷纷将税费转嫁消费者这一做法是否合理？"的提问也得到了较为广泛的关注。该条问题共有40条回复，在40条回复中有39条回复认为酒店以"营改增"为名涨价是巧立名目，是不道德行为，加价的同时还要抹黑国家。

在整个事件的发展中，民众对此事的态度出现了一定程度的变化，在政府做出强力回应，各主流媒体转发政府回应，支持政府政策后，民众对此事的态度也由部分怀疑政府转向几乎全体支持政府，斥责酒店的涨价行为，从而给涨价酒店一定压力。"营改增"作为国家税收制度的重大改革，由民众对此事的评价可以看出，虽然出现了质疑声，但质疑逐渐消失，民众总体持支持态度，相信政府的重要政策是便民利民的好政策。

五、总结与反思

（一）总结："营改增"是财税体制的进步、实施效果值得期待

"营改增"全面推行过程中，政府占主导地位，是政策的制定者与舆情的引导者；新闻媒体传播政府政策，配合政府工作，并做出积极评价，为全面推行"营改增"营造良好的舆论氛围；企业积极参与，利弊各异，是政策的直接承担者；民众受到改革的间接影响，密切关注实施效果。各主体的主流评价均认为"营改增"有效减少了企业的税负，不仅仅是税务方面的改革，而且是涉及企业经营的全面改革，是便民利民的好政策，是财税体制的进步，舆论环境大好。首先，多数民众认为"营改增"加快了财税体制改革、进一步显著减轻企业税负。2015年6月底，全国纳入"营改增"试点的纳税人共计509万户，据不完全数据统计，从2012年试点到2015年底，"营改增"已经累计减税5 000多亿元，后续产业链减税效果将持续向好。其次，大多民众认为"营改增"给老百姓的生活带来福祉与便利，"营改增"后，服务行业税负降低，经营成本下降，将吸引更多的资金流入服务行业，从而创造更多的就业岗位，为普通民众提供更多的就业机会；同时更多资金流入会引发服务行业更激烈的竞争，从而为普通民众提供更质优价廉的服务。此外，个人二手房买卖维持5%的税率，税率保持不变，但是税负减少了，因此，全面推行"营改增"后，对于大部分购房者来说，是一项福利，个人买卖二手房所需缴纳的税费总额将减少。总体观之，社会各界对全面推行"营改增"的效果充满期待。

（二）反思："由点到面"策略值得借鉴、完善配套措施、协调央地税收格局

1."由点到面"的政策推行策略利于营造利好的舆论环境。如前文所述，

"营改增"试点始于2012年,随后4年,其试点区域与行业不断扩大,直至此次在全国范围内全面推行"营改增"。政策的实施经历了"由点到面"逐步拓展的过程,在"点"上实施政策所产生的效果对在"面"上政策的全面推行具有两方面的影响,其一,在互联网时代,信息传播突破了时间与空间的局限,试点城市与行业实施新政策后的具体效果会迅速传播,走进公众视野,引发公众讨论,公众对试点具体效果的评价会影响到政策的修缮与在全国范围内的全面推行;其二,试点城市与行业实施政策后的具体效果与公众态度,便于政府有针对性地及时对政策不完善之处进行修改调整,通过几轮修缮,政策未来在全国范围内推行具有一定程度效度上的保障。从舆情角度来看,此种"由点到面"的政策推行策略,在试点过程中及时完善政策,易于形成较好的舆论环境,进而降低政策全面推行的负面效果,增强民众对政策实施效度的信心,因此未来涉及全国范围的重大财税政策的推行,可适当借鉴本次全面推行"营改增"的策略,即采取"由点到面"循序渐进的方式来营造利好的舆论环境。

如"遗产税"等相关财税舆情事件,其虽被证实只是谣言,但随着我国经济社会的快速发展与税制体系的逐渐完善,遗产税的开征或许也不再遥远。借鉴国外相关经验,遗产税与民众利益密切相关,对于此等税种,其税率的制定与征收方式均需经过严谨的考量,在推行过程中更是要步步为营,在试点过程中完善政策,努力形成较好的舆论环境,减少政策全面推行过程中的阻碍,顺利推动政策的实施。

2. 完善配套措施、充分发挥舆情对政策顺利落实的推动作用。政府全面推行"营改增"的目的是为了减轻企业税负,增强企业活力,加快财税体制改革、调整产业结构,促进服务业尤其是科技等高端服务业的发展,促进我国经济的良好健康发展,这一系列预期的背后是造福于广大民众,但在实际操作过程中,出现了不符合大众预期的情况。首先,出现了部分行业的部分企业赋税增加的现象,一家小银行经历"营改增"后竟每年损失5 000万元的利润,而房地产行业中,那些从正规渠道获取土地,取得合规土地票据,上下游供应商正规健全,内部管理完善的房地产开发企业实际税负相对营业税有所降低,生存空间就会加大,而一些规模小、议价能力弱、生产经营不正规的房地产企业将面临严峻考验。其次,部分生活服务业以"营改增"为名进行涨价,虽然税务机关发文称商家借"营改增"涨价是违法行为,但仍有部分行业的商家继续涨价,给民众生活带来不便。此外,"营改增"后也带来了开发票相对繁琐,手续复杂等问题。例如,城建税和教育费附加是增值税和营业税附征的两项税费,原来一直由地税机关征收,"营改增"以后主税种由国税机关征收,而附加税费由地税机关征收,需要跑两个税务机关分别缴纳,分别开具税票,这增加了时间成本,建筑类外经项目预缴表还必须加盖公章,开票过程更为繁琐。

虽然"营改增"使多数行业的税负降低，但仍有部分企业出现税负加重的情况，此种情况虽与企业自身经营脱不了干系，但政府在后续全面推进"营改增"过程中，应及时正视出现的问题，完善相应配套措施，使"营改增"真正做到便民利民，推动经济社会健康发展。同时，政府在政策推行过程中也应当注重政策之舆情对政策顺利落实的重要作用，因此，在政策推行过程中，政府也应当做到"出台一项"即"披露一项"；"落实一项"即"宣传一项"，提高政策实施效果透明度，让舆情真正实现以我为主，为我所用，从而在舆情侧面推动财税政策断改革的平稳过渡。

3. 协调央地税收格局、激发地方政府良性舆情反馈。关于中央与地方博弈的例子不胜枚举，而"营改增"之后关于财政收入的重新划分，将是中央与地方的又一次博弈。"营改增"的全面推行，无疑是中国财政制度上的又一次大变革，其影响几乎可以和1994年实施的分税制相提并论。"营改增"后，央地税收格局将发生显著变化，名义上会减少地方政府约3 000亿元的财政收入，说明"营改增"和1994年分税制改革一样，将提高中央财政收入比重，倒逼对中央与地方政府间关系作出调整。

"营改增"提高了中央政府财力，强化中央政府的调控力，形成央地财政收支的不平衡格局，中央通过转移支付的方式对地方提供财力保障，同时也维护了中央的调控。同时，地方税已无主体税种，现行中央与地方的分税格局难以为继，整体税制结构对单一税种严重依赖，其中隐藏的风险也不容忽视。可见，税种改革是和整个财税体制改革关联在一起的，在全面推行"营改增"的同时，也有必要推进中央与地方事权和支出责任划分改革，协调中央与地方税收格局。同时，地方政府作为事件舆情的一方参与者，其关于全面推行"营改增"的舆论评价，对政策的顺利落实发挥着举足轻重的作用，因此，中央政府在全面推行"营改增"的同时，应注重地方政府税收来源变化，积极协调央地税收格局，激发地方政府良性舆情反馈，配合财税政策的全面推进。

1月1日以来，从政府表明全面推行"营改增"的决心，颁布相关法律条文，到5月1日如期全面推进"营改增"，各主流媒体、企业与民众均及时对"营改增"做出反应。这一时期，各地区税务部门官方微博纷纷转发中央政府颁布的"营改增"相关文件，政府引导着"营改增"的舆情走向，媒体大量报道"营改增"的实施细则、转发政府相关文件、从各行业角度对"营改增"的效果与前景做出良好的预期，成为政府推行"营改增"的发声器，在社会上影响着"营改增"的舆论走向，各行业积极配合，大多持支持态度，而普通民众在这一过程中关于"营改增"的关注度也逐渐上升，关于"营改增"之后对民众生活的影响成为讨论的一个焦点。

"营改增"全面推行的过程中虽然出现了少部分企业赋税加重，生活服务业少部分商家借机涨价，增值税发票开具繁琐等问题，引起了一些企业和民众对这一改革所承诺带来的福祉的怀疑，但总观事件舆情，主流媒体、企业与民众均认为"营改增"是减轻企业负担，便民利民的好政策，是财税体制的进步，持支持态度。从舆情角度来看，"由点到面"的政策推行策略利于营造利好的舆论环境，值得推行其它财税政策时学习借鉴；同时"营改增"的全面推行还处在一个过渡期，后续跟进多项配套措施，有助于利好舆情的蓬勃发展；而伴随着"营改增"的全面推行而出现的央地税收格局变化也进一步对我国税收体制的完善提出新的要求，中央政府注重协调央地税收格局，有助于激发对方政府良性舆情反馈，进一步推动财税政策的顺利落实。

（作者：张留克　洪　磊　刘长喜）

"个税抵扣房贷利息"网络舆情研究报告

一、前言

住房作为衣食住行中的重要环节,在居民生活中扮演着不可或缺的角色,也是大众茶余饭后的热点话题。随着社会经济的发展,房产作为一个家庭最基本的财富,在国民经济发展中的地位愈来愈得以凸显。在合理的政策引导下,房地产业能保持良好的发展态势,促进经济的可持续发展,并实现人民群众安居乐业;但值得警惕的是,房地产业投资金额巨大、投资风险较高,如果政策推行不当,行业发展失控,可能会引发严重的经济泡沫,对国民经济造成重大的伤害,从而危害到社会的稳定与和谐。因此,涉及房地产业发展的相关政策议题,历来是媒体与民众的关注焦点。

现阶段我国收入分配不平衡问题愈发突出,社会各阶级对收入分配制度改革的期待愈加强烈。自1980年开征个人所得税以来,为了缩小贫富差距、维持社会公平,政府不断调整个税征收政策。2015年5月,国务院批转发改委《关于2015年深化经济体制改革重点工作的意见》,提出"要研究综合与分类相结合的个税改革方案,特别是要完善个税的税前扣除项目"。9月,财政部发表《财政支持稳增长的政策措施》,表明将深入推进财税体制等改革,研究个人所得税改革方案。这些政策文件的出台,表明了国家推进个税改革的决心。

税收取之于民用之于民,个税改革影响最大的是人民群众。随着个税改革的深入,"个税抵扣房贷利息"政策一经爆出就在舆论场上激起千层浪。这一政策一方面涉及时下最热的房地产行业,另一方面与敏感的个税改革话题息息相关。网民对"个税抵扣房贷利息"事件的关注和讨论很大程度上反映了民众对此政策的态度和意见,本研究以"个税抵扣房贷利息"事件为研究对象,在对政策梳理的基础上,深入分析网民对此政策的关注度和基本态度并进行反思。

二、舆情事件发展历程

所谓"个税抵扣房贷利息",就是在计征个人所得税时,将住房贷款产生的利息作为税前减除项扣除,此政策属于个税综合改革中完善税前扣除项目中的一种①。目前我国所实行的个税政策只有五险一金被列入税前扣除项目,在该政策实施后,工薪阶级的工资除了扣除五险一金还会将其所承担的房贷利息一并扣除,剩下的再去计税。也就是说,该项政策实施后,可以为大部分人"节省15%~45%的房贷利息"②。

"个税抵扣房贷利息"事件舆情概览:

1. 政策酝酿期:三年辗转难确定。2013年9月,财政部部长楼继伟在接受记者关于个税改革的采访中,提到未来我国个人所得税的改革方向将由目前的分类税制转向综合和分类相结合的税制,在对部分所得项目实行综合计税的同时,会将纳税人的家庭负担如赡养人口、按揭贷款等情况计入抵扣因素,更体现税收公平③。这是中央高层首次提出会将房贷利息计入个税的抵扣中。

2015年5月,国务院批转发改委《关于2015年深化经济体制改革重点工作的意见》。在此意见中特别提出"完善税前扣除"改革,适时增加赡养老人支出、子女教育支出、住房按揭贷款利息支出等专项扣除项目。在之后的11月,财政部组织财税改革方案研讨会议,讨论了关于"房贷、车贷利息等都可在计所得税前扣除"等内容。此后,财政部也一直在与相关部委讨论此政策,但由于该项内容包含在个税改革的整体方案中,年内难以对外公布实施④。由于并没有明确对外公布,至此关于"个税抵扣房贷利息"事件的舆论都很少。

2015年12月,由于财政部内部完成了个税改革方案,"个税抵扣房贷利息"再次传出并引发了热议(如图1所示),中国财政学会副会长兼秘书长贾康对媒体表示,有关个税抵扣房贷利息,研究方面确实有这个方向。此外,中国社会科学院在发布的《中国住房发展报告》也建议提出按揭房贷利息抵扣个人所得税政策,降低购房还款负担⑤。在这期间,新闻媒体的报道多为个税改革即将实施,房贷利息抵扣个税也可能率先启动,但并没有对此政策进行详细解释。直至12月中旬,《人民日报》在《房贷利息抵扣个税恐存负效应,执行需审慎细化》中详细分析了此政策对房地产业及人民群众带来的影响⑥,引发了网民的热议。

---

①② 《专家:房贷利息抵扣个税个人可省利息15%到45%》,http://money.163.com/15/1203/14/B9TRJO0V00253B0H.html,采集日期:2016年10月3日。

③ 《财政部部长楼继伟谈个税改革:家庭负担将纳入抵扣》,http://www.ynradio.com/news/2013-09/06/cms136437article.shtml,采集日期:2016年10月3日。

④ 《个税将抵扣房贷以后房贷利息可省15%~45%》,http://news.china.com/domestic/945/20160827/23401090_all.html,采集日期:2016年10月3日。

⑤ 《"房贷利息抵个税"最大意义在于个税改革》,http://jh.fccs.com/news/201512/4832916.shtml,采集日期:2016年10月3日。

⑥ 《人民日报:房贷利息抵扣存负效应需审慎细化》,http://finance.qq.com/a/20151214/008937.htm,采集日期:2016年10月3日。

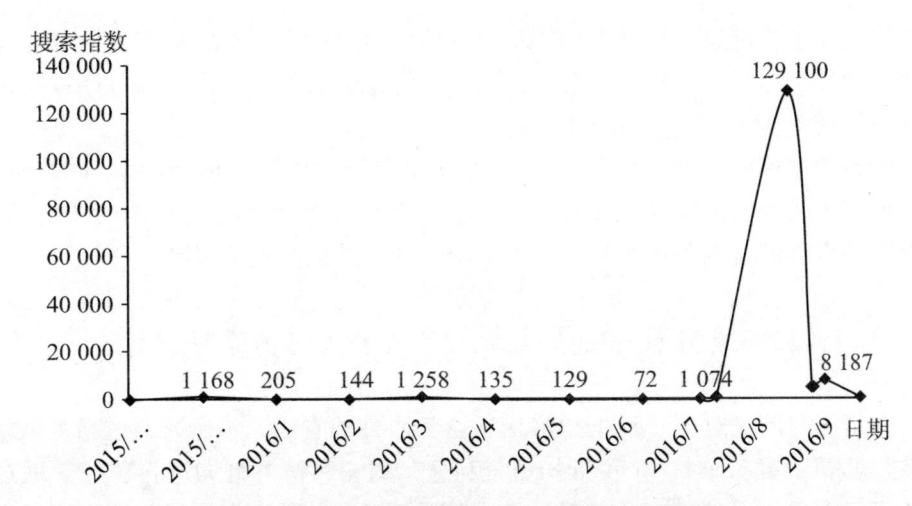

图1 "个税抵扣房贷利息"事件百度搜索指数

资料来源：百度指数，http://index.baidu.com/?tpl=trend&word=%B8%F6%CB%B0%B5%D6%BF%DB%B7%BF%B4%FB，采集日期：2016年10月3日。

2016年3月，随着两会的召开，"个税抵扣房贷利息"事件迎来了第二次舆论高潮。在两会的新闻发布会上，楼继伟在回答记者关于个人所得税改革的提问中谈到对于扣除标准问题的改革方向是把11个分项综合起来再分类扣除，而不是简单按统一标准做工薪项下的扣除，需要研究的内容很多，包括个人职业发展、再教育费用的扣除；满足基本生活的首套住宅按揭贷款利息的扣除；抚养孩子费用的扣除以及如何扣除赡养老人费用等①。在楼继伟证实此政策之后，一些媒体通过发表楼继伟的谈话中表达了对此政策的解读。

2. 舆情高潮期：贾康回应，媒体纷纷报道。2016年7月22日，财政部财政科学研究所原所长贾康22日在博鳌·21世纪房地产论坛第16届年会上表示，"个人所得税可抵扣房贷已明确，至于进展，要看个税改革的时间。中央要求的时间是1年左右，但今年可能赶不上了。不过可以确定的是，这种方案会在全国推广"②。这引发了"个税抵扣房贷利息"事件的新一轮舆情高潮，8月该事件的百度指数搜索热度值高达129 100，主流媒体包括中华网、搜狐新闻等都对这项政策提出了自己的看法。对广大网民来说，此次政策可以节省14%至45%的房贷利息，对于工薪阶层来说这是减少支出的有效政策。但是通过测算，收入越高的阶层可节省的房贷利息越高，可能会加剧财富分配的马太效应。对于房地产业

---

① 《图文：将研究首套房贷利息抵个税》，http://www.cnhubei.com/ctjb/ctjbsgk/ctjb02/201603/t3561791.shtml，采集日期：2016年10月3日。
② 《个税将抵扣房贷以后房贷利息可省15%~45%》，http://news.china.com/domestic/945/20160827/23401090_all.html，采集日期：2016年10月3日。

来说，减少房贷利息会促使人们买房，但同时也可能会引发房地产业的新一轮投机热，使楼市运行偏离轨道。对此，网民的评论褒贬不一，但大部分网民仍旧担心此政策的落实会引发房价再次上涨。

随着贾康回应澎湃新闻称"'个税抵扣房贷利息'是他作为学者的一贯主张，但官方是否已确定暂不明确"，官方也没有对此政策提出具体的实施细节，此次舆情事件的搜索关注度有一定的下降，并逐渐退出观众视野。

三、网民态度分析：专业人员与非专业人员的态度迥异

为了探究网民对"个税抵扣房贷利息"事件的看法，本研究通过新浪微博的"高级搜索"功能，对"个税抵扣房贷利息"这一舆情关键词进行监控。通过对2016年7月至9月这三个月的博文进行随机抽样，从而获取网民态度。本研究充分考虑该财税政策的特殊性——"个税抵扣房贷利息"政策的财税专业性较强，普通网民对此政策的看法往往过于表面，解读过于简单。为了更加具体地掌握各群体对该财税政策的看法，本研究将网民分为专业人员和非专业人员进行舆情的深度挖掘。

（一）专业人员：支持人数逾六成

专业人员主要指的是学者、专家和业内人员。本研究以"个税抵扣房贷利息"为关键词，采用抽样系数为10的系统抽样方法，在微博中抽取了1 200条微博，通过对微博内容的整理发现在这类人员中有62%的人对此政策持支持态度，有30.3%的人对此表示中立态度，剩下的7.7%对此表示质疑（如图2所示）。

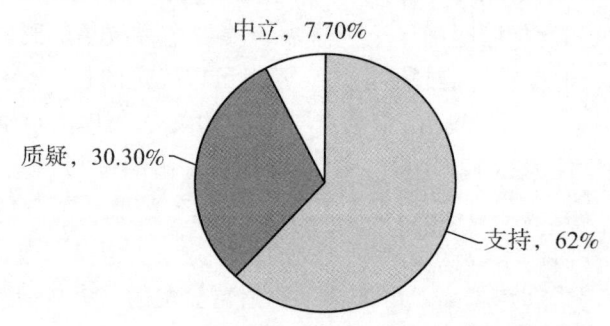

图2 专业人员对"个税抵扣房贷利息"事件的态度分析

资料来源：上海开放大学信息安全与社会管理创新实验室数据采集系统，采集日期：2016年9月23日。

1. 支持派：既有利于去库存，也有利于省房贷。这类人员认为"个税抵扣房贷利息"事件不仅对房地产市场有利，对普通百姓也有利。一方面，此政策有利于房产库存去化，这符合习近平总书记之前给房地产的定调，要化解房地产库存，促进房地产业持续发展。另一方面，此政策一旦实施将会为房奴节省房贷，减轻他们的还贷压力。

"个税抵扣房贷利息"这一政策将鼓励居民买房，从而带动房地产业的发展，改变楼市低迷现象。可以说，"个税抵扣房贷利息"是解决房地产业去库存最有效的方法。亚豪机构市场总监郭毅表示："'个税抵扣房贷利息'这一举措将有利于中高端房产的去库存化，有利于三、四线城市去库存，也有利于促进透支型房产消费，其实上海在 1998~2003 年间就执行过，有效起到了去库存化的作用"①。中国房地产业协会副会长任志强在易居沃顿中国房地产投资人高峰论坛上提到"在此之前很多发达国家已经采用此政策来鼓励居民自行解决住房问题，有限的进行个人所得税的减免，把货币资产转为实物资产是大多数国家在研究的方法，此法对中国也会有效"②。

"个税抵扣房贷利息"政策的直接受益者是购房群体，经过测算该政策一旦落实，购房者将可节约 15% 到 45% 的房贷利息。多名财税人士表明，个税改革综合计征有助于减轻低收入者税负，缩小税收差距，维护社会公平。社科院也有报道称，"此政策会使住房政策从原先的过度强调住房市场的经济支柱作用，转向适度强调住房民生导向"③。关于"个税抵扣房贷利息"这一政策，也有很多人认为，此政策享受优惠最多的是中高收入者，收入越高可享受的优惠就越高，而对于低收入者并没有改变现状，因此该政策可能会导致"劫贫济富"的后果。对此，科员杜俊林发表说明"劫贫济富"不合逻辑。在文中，他提到"首先低收入者，往往是很多买不起房的人，通常他们也不缴税。而买得起房的中高收入者拥有较好的财力，也是缴税的主力，所以这并不存在劫贫"④。在现实社会中能买房的往往都是中高收入者，虽然可能存在高收入者减税比例高于其下的收入者，但这项政策能更好地利于中等收入人群，缩小贫富差距，促使社会公平。

2. 中立派：政策出台尚需时间积淀。这类人员认为"个税抵扣房贷利息"政策的出台还有日可待，个税改革是一个整体改革，涉及很多方面，这个系统的

---

① 《专家：房贷利息抵扣个税个人可节省利息 15% 到 45%》，http://money.163.com/15/1203/14/B9TRJO0V00253B0H.html，采集日期：2016 年 10 月 3 日。
② 赵奉军：《房贷利息抵扣个税的效应不应被高估》，载《中国房地产：综合版》，2016 年第 1 期。
③ 《终于确认了！房贷利息将可抵个税，楼市要"炸"》，http://money.sohu.com/20160310/n439930469.shtml，采集日期：2016 年 10 月 3 日。
④ 杜俊林：《"劫贫济富"有点不合逻辑》，载《理财》2016 年第 6 期。

确定需要一个漫长的过程。

在"个税抵扣房贷利息"政策发出后,现任易居(中国)控股有限公司执行总裁丁祖昱就发表了文章《"房贷利息"抵扣个税还得再等等》①。文中提到个税改革是全国性的法律修订,在程序和技术上都需要很大时间。这个政策出台必须经过整套立法程序,从国务院到党中央再到全国人大,要经过提案、审议、表决、发布等程序。这些常规的流程经历下来至少需要两三年时间。不仅如此,个税改革是一个复杂的系统工程,此次个税改革包括合并部分税目、完善税前扣除项目、优化税率等。这项项目的确定牵扯面广、社会影响力大,过程自然漫长。楼继伟在发表的谈话中也提到过,个税综合计税很复杂,需要研究的内容很多,不仅在抵扣税制的设计上,还有其他各方面都需要完善。截至2015年,缴纳个税的人只占总人口数的2%,当前的个税抵扣的优惠并不普及,因此税制改革会综合考虑各方利益,使纳税人得到更多实惠,这还需要很长的研究时间。

3. 质疑派:不利于低收入者,同时也会导致楼市投机热。"个税抵扣房贷利息"会给正在还贷的人带来利益,尤其是购买首套房的人,这是毋庸置疑的。但是此政策的最大受益者将是高收入人群购房者,此类购房者收入高,缴纳个税较多,可以抵扣的利息支出也多,而对于低收入者,本身实力有限,此政策对于他们效果甚微。中国指数研究院天津分院研究副总监祁丽静告诉记者,政策一旦实施,不利于低收入者,没有减轻他们的负担。《人民日报》的报道称,"个税抵扣房贷利息"可能会导致新一轮楼市投机热。"个税抵扣房贷利息"将鼓励贷款买房,这会影响多层次住房体系的稳定性②。文中提到上海在1998年为应对亚洲金融危机对楼市的冲击,曾执行过与"个税抵扣房贷利息"相似的政策。政策实施后,虽然推动了房产的销售,但也造成了大量高收入人群为避税而囤购中高端房产,引发楼市走向畸形发展。为此,一部分专家对此政策提出质疑。

(二)非专业人员:质疑人数占主流

本研究的非专业人员主要指普通民众,他们作为舆论的主要传播者,在此次"个税抵扣房贷利息"事件传播中,也呈现出支持、中立和质疑三种态度。但是他们和专业人员的态度大不相同,同样以"个税抵扣房贷利息"为关键词,采用抽样系数为10的系统抽样方法,在微博中抽取1 200条微博,通过对微博内容的整理可将他们的态度分为下列阵营(如图3所示)。

---

① 丁祖昱:《"房贷利息"抵扣个税还得再等等》,载《沪港经济》2016年第1期。
② 《个税将抵扣房贷啦 以后房贷利息可省15% ~ 45%》,http://house.qq.com/a/20160727/004057.htm,采集日期:2016年10月4日。

支持派，15.40%

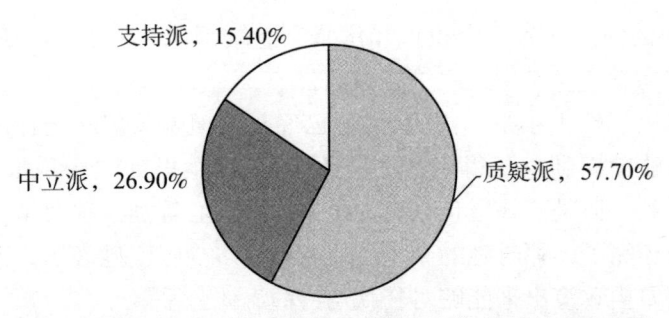

中立派，26.90%

质疑派，57.70%

图3 非专业人员对"个税抵扣房贷利息"事件的态度分析

资料来源：上海开放大学信息安全与社会管理创新实验室数据采集系统，采集日期：2016年9月23日。

1. 质疑派：不仅是劫贫济富，还会导致房价上涨。在对2016年7~9月的微博抽样中，发现有约57.7%的网民对"个税抵扣房贷利息"这一政策持质疑态度。他们通过媒体对此政策的解读，了解了"个税抵扣房贷利息"这一政策，但认为此政策是"劫贫济富"，是帮助"富人"的政策。此外，他们还认为"个税抵扣房贷利息"会促使更多的人买房，导致房价再一轮疯涨。

网民"@江雪"提到，"个税抵扣房贷利息"看似美好，但实则是泡影。"'个税抵扣房贷利息'本意是减轻房屋持有者的税务负担，但事实上，如今房价疯涨，普通老百姓根本买不起房，购房退税对他们来说根本就是永远不可能实现的。而对于拥有很多房产的富人来说，他们房贷越多，可抵扣的税务也就越多，他们获益就越大。这样一对比，这个政策本就是偏向富人的政策，对普通收入者只能可看不可求，这是明显的劫贫济富，会进一步拉大收入差距"。网民"@kevin-pkj"也说："房价好几万，工资3 000要交税……穷人买房也就一两百万，抵税可以一月抵1 000税。其实大部分人一个月上税不到1 000元。所以，所谓抵税，根本抵不了什么。但富人的房子动辄几千万，可以抵10万税，这才叫抵税"。从这些评论中不难看出网民对此政策的不满，大部分网民认为这项政策虽说是减少缴税支出，但却仍旧没有考虑到社会公平，没有解决收入贫富的差距。

网民"@过个红"也说："最近有消息称，'个税抵扣房贷利息'已确定，这个可不得了。一是有钱人更喜欢买房了，国家减税，房价还得涨；二是租房的人个税照交，房租有可能上涨"。这部分网民认为此减税的过程会鼓励更多的人买房，引起房价的再次上涨，不利于还未买房的群体，房价一旦上涨，有更多人会买不起房。

2. 中立派：政策细则未出台，结果有待观望。"个税抵扣房贷利息"这一政策是未来国家个税改革的方向，楼继伟、贾康等人意在强调个税改革是一项整体性的政策，需要不断完善，因此在具体细则出台之前，网民对此政策仍持观望态度。有26.9%的网民认为"个税抵扣房贷利息"对未来社会影响还要等具体细节落实之后才能看到,希望此政策能做到公平。

房贷族网民"@王小姐"提到,"她已经买房但是买房时选择的是等额本息还贷法,此方法前期利息还得多,本金还得少"。她提到"个税抵扣房贷利息"事件看着很有利,但是不知道什么时候出来,她担心等到这项政策出来时候她的利息可能已经还完了,那时她的个税还能抵扣掉多少呢?她表示,不知道具体的执行细则但是希望政策出来能够对贷款购房的群体公平。

3. 支持派:政策减负作用明显。"个税抵扣房贷利息"涉及人们所关心的房地产业,不少群众看到此类政策首先就带有偏见,认为房价会上涨,此政策不利于普通阶层。因此也只有15.4%的网民对此政策表示支持,认为这项政策不会劫贫济富而会做到减负。

网民"@大头菜"针对网上劫贫济富的讨论谈到,"不能把房贷利息抵扣个税,理解成发放购房补贴"。政府的每一项政策不可能惠及所有人。就"个税抵扣房贷利息"而言,受益者只可能是有房贷的纳税人,那些没有房贷的、不需要缴纳个税的自然不在考虑范围。劫贫济富是指拿穷人的钱去补贴富人,但从这一点上这个观点并不符合此项政策,这项政策真正的意义在于给纳税人减负。至于有人提到的此政策会导致有人利用政策炒房,"@大头菜"认为,"这个政策实施会有更多的执行细节和政策去辅助,这些会使这个政策的红利严格控制在真正想买房的人群上而非投资者"[1]。网民"@时间的玫瑰-1987"也希望这个政策早日落实,可减轻自己每年所上交的个人所得税。支持"个税抵扣房贷利息"的网民大多如以上两位网民所说,"个税抵扣房贷利息"确实或多或少地减轻了纳税人的负担,缓解了购房者的经济压力,从长远角度看多数工薪阶层都会从这一政策中享受到优惠。

(三)态度对比:专业人员与非专业人员态度迥异

由表1可知,就专业人员而言,高达62%的人支持"个税抵扣房贷利息",仅有7.7%的人员提出质疑。他们普遍认为这一政策不仅有益于社会各群体,减少社会贫富差距,也有益于房地产业的持续发展。反观代表普通网民的非专业人员,有超过半数的网民认为这一政策不利于社会公平,是帮助富人提出的政策,而且还会进一步刺激房价,让更多的人买不上买房。只有15%的网民支持这项政策,理解政府的初衷,认为这项政策能真正做到减负。由此可见,政府初衷与网民反应的鸿沟差距较大,政府有益于民的政策并没有在普通网民中产生积极影响。

---

[1] 《房贷利息抵个税?个税抵扣将如何影响我们的理财生活》,http://zjnews.zjol.com.cn/zjnews/nbnews/201609/t20160905_1894746.shtml,采集日期:2016年10月4日。

表1   "个税抵扣房贷利息"事件专业人员与非专业人员的态度对比

	专业人员	非专业人员
支持派	62.0%	15.4%
中立派	30.3%	26.9%
质疑派	7.7%	57.7%

四、反思与建议

个税改革作为近几年我国税收改革的重点，其政府投入之大、涉及领域和利益主体之广泛前所未有，这不仅正面凸显了国家对个税改革的重视和强烈的改革意愿，也从侧面反映了我国个税发展中存在的弊端与问题。然而政府对于个税改革的积极关注和引导，并不意味着公众会认同、支持政府的做法，"个税抵扣房贷利息"事件便是此类案例的典型，从本文第三部分网民对此事件的态度倾向即可看出。在房价疯涨的大背景下，这一涉及千家万户的重大政策招致大批网友的不满。为了更好地实现政策目标，发挥政府积极引导的正面作用，就网民态度倾向，本文提出以下反思与建议。

（一）任重道远：一项政策权衡已久、酝酿再三仍有可能招致非议

近几年，随着房价的快速增长，按揭贷款已经成为居民最大的支出。特别是对普通的工薪阶层而言，按揭贷款月供支出占可支配收入的比例，一般在30%到50%[①]。如果住房贷款利息可在税前抵扣，将会降低居民生活成本，增加居民的可支配消费，拉动内需增长。《中国住房发展报告2015～2016》显示，我国商品住房总库存预计达到39.96亿平方米，巨大的商品库存量会导致房地产市场风险巨大，在此之前中央政府提出房地产的去库存化。而"个税抵扣房贷利息"一旦实施将有利于住房消费，在一定程度上解决房地产库存严重的问题。本着这几个出发点，政府提出"个税抵扣房贷利息"政策是利大于弊，具有可操作性的。

但是根据上文对网民态度的分析发现，政策的发布并没有收获预期的积极回应，反而出现了较大的分歧。网民并没有体会到政府政策的初衷，而是根据自己的看法一味地否定此政策，认为其没有达到社会公平。相当一部分网民对政策解读采取先入为主的观念，在了解政策内容前就对政策有了先验性的负面判断。他们对房地产对国家税收领域会有一种习惯性的评价，而这些评价多来源于个人的生活经历。因为经历着房价一年年的快速上涨，政府政策没有很好地控制房价，

---

① 李宇嘉：《还原"房贷利息抵个税"的本来面目》，载《市场前沿》2016年第1期。

他们对房地产业有着自己的偏见,认为国家的政策只会使房价上涨。而关于个税改革始终在不断修订,可是社会的贫富差距仍旧很严重,普遍民众对国家的个税改革也持质疑态度。这使得网民竞相吐槽"个税抵扣房贷利息"的弊病,把"个税抵扣房贷利息"的小问题逐步放大,最后形成政府初衷和网民态度的鸿沟。

政府与民众彼此信任机制失调,长期的不信任给双方关系蒙上了一层看不见的膜,当下大部分网民还是戴着有色眼镜看待政府政策,政府相关人员的辛勤付出得不到应有的尊重,涉及民众权益的政策容易引发争议。网民在对此类政策进行讨论时,应对政府给予一定的宽容,抛开自己的主观判断正面的评价政策可能带来的影响。

(二)"个税抵扣房贷利息"绝非朝夕

"个税抵扣房贷利息"不是一朝一夕就能完成的,正如前文所说,"个税抵扣房贷利息"是个税改革的一个环节,需要其他政策与之配套才能实施。"个税抵扣房贷利息"只是针对有房贷的纳税者,那么没有达到个税起征点的房奴又将何去何从?达到个税起征点却没有买房的群体又将何去何从?这就需要其他的个税改革政策来支持。此外,如前文提到的,"个税抵扣房贷利息"可能会导致一些群体为了避税而多买房,为了利益而过多投资房产。为了避免这些负面效果的出现,政府也需要不断细化抵扣税收政策,完善税收抵扣政策的提出、设计、试点、发布与落实。

每一项政策的出台必定经过了长时间的调研和讨论,每一次政策的出台都需要经过复杂的立案过程,可以说是千锤百炼。但是它的实施效果有时并不理想。为了更好地提高该政策的实施效果,政府应加大对个税改革政策的宣传和解读,做好舆论导向,减少政府初衷和网民态度的鸿沟。全国性的政策落实到每一个地方要因地制宜,不能生搬硬套,考虑到地域、经济和人口等条件的具体情况。同时政策的宣传也要做到因人而异,根据对象的身份、知识水平和接受水平,对大众进行有区分的解读。并且,要借助多种方式进行宣传,无论是传统的大字报、广播和电视,还是新兴的网络媒体,都可以作为宣传的工具和平台。借助工具和平台的特点以及受众的接受习惯等特点,尽力在宣传上达到事半功倍的效果,让政府的初衷更好地传达到民众的心里。

"个税抵扣房贷利息"网络舆情分析是一把钥匙,开启政府、社会和广大民众之间的大门,保持各群体之间消息的互通有无。可以说网络舆情拉近了政府和民众之间的距离,在消息的传递和分享上起到了巨大的作用,但值得注意的是,网络舆情意见并不能完全代表社会公众的看法。任何改革都不是无懈可击的,有质疑是必然的,我们需要重视质疑但是无需过度紧张,对于网络舆情中的质疑和反应要区别对待。对于确实存在的不足或者缺漏可以进行修改和完善,对于一部分网民无中生有的偏激看法则不必过度重视。个税改革繁琐复杂，政府作为政策的引领者和坚强后盾，在面对种种质疑时，应该根据舆情走向做出客观、科学的决断和对策，使广大群众感受到政府政策的初衷。

(三) 媒体对政策的过度解读值得警惕

新闻媒体作为此次"个税抵扣房贷利息"事件的重要传播者，在舆论讨论中一方面提供信息来源，另一方面引导舆论走向。作为信息传播的载体，新闻媒介的主要作用是传播政策事实的本身，保持自身的独立性。但在对此政策的报道中，媒体通过大量冰冷的数据和案例过度解读了此政策，这些详细的解读进一步加剧了网民的恐慌，引发网民对此政策的怀疑。个人所得税综合税计税很复杂，需要研究的内容很多，"个税抵扣房贷利息"的实施也不是马上就可以确定的。可是大部分网民都把此政策当作是真的开始讨论它的各种弊端，这主要是因为媒体大量转发的一些言之凿凿的文章措辞，导致广大网友弄假成真。

媒体在追求新闻热点的同时，应该把社会责任放在首位，在客观、公正的基础上，发表相关评论文章，不应一味放大渲染社会敏感问题，并进行过度解读。在"个税抵扣房贷利息"这一政策中，政府始终只是表示此政策是未来改革的方向，贾康也曾表示这只是他作为学者的一贯主张，官方是否确定明确方案尚无定论，也没有明确的时间表。然而大部分新闻媒体的报道却在标题表明该政策已确立，并且在正文中通过大量数字入题的方式，计算各个收入阶层可能享受到的政策红利。由于记者缺乏专业的个税知识，使得一些报道往往不能体现政府政策的初衷，导致网民在理解本就是社会敏感话题的房地产和个税改革中出现负面效应。

综上所述，面对新媒体市场上的激烈竞争，如何秉承客观真实的新闻专业主义，如何在报道社会热点时遵循主流媒体的核心价值观，是大众传媒最易疏忽之处，亦是亟须自省之处。为避免本研究中政府和民众对同一利民政策的不同态度差异的出现，媒体应树立好新闻界的内在价值标准，减少过度解读，用专业主义的精神坚守新闻客观真实的价值所在。对于社会热点事件的报道，应该尊重事实、探究真相，防止以讹传讹，更不能为博大众眼球而发表具有明显主观倾向的报道。大众媒体在此类事件的报道中要做到不偏袒，不引导，不追求标新立异，不激化双方矛盾，在冷静核查中还原事件本身，在客观真实中促进问题解决。

(作者：黎力菁　洪磊　刘长喜)

"个人所得税改革"网络舆情研究报告

一、前言

个人所得税是我国征税机关针对自然人（居民、非居民人）所得而征收的特定税种。[①] 早在我国政务院1950年公布的《税政实施要则》中就已经存在"薪给报酬所得税"，是新中国最早针对个人所得课税的税种。而1980年9月10日召开的第五届全国人民代表大会第三次会议通过并公布了《中华人民共和国个人所得税法》，至此我国的个人所得税制度方始建立。

"个人所得税改革"是国家针对"一刀切"的单一税制，从税基、税率等方面对个税征收进行调整，以更好地实现社会公平的重大改革课题。1980年版《中华人民共和国个人所得税法》公布之后的近40年来，个人所得税的税基、税率乃至征收对象和减免标准都发生了较大变化。如1993年"个税法修正案"首次将有来源于中国所得的非居民纳入征税对象，2005年全国人大常委会将个税免征额提高至1600元，2007年与2011年这一标准又两次被全国人大常委会进一步提高。

作为两会的经典议题之一，"个人所得税改革"直接影响个人可支配收入的变化，因此在每年两会前后都备受舆论关注。同样由于此项改革与每个人的生活都密切相关，参与讨论的网民群体也较其他财税话题而言更为广泛，参与热情也相对较高。而值得一提的是，2016年两会上财政部长楼继伟的一番表态为"个人所得税改革"这一年年重弹的老调平添了几分新意。

二、舆情发展生命周期

2016年"个人所得税改革"相关舆情的热度变化呈现出明显的周期性波动特征（如图1所示），即舆情随着相关提案的提出而"快热快消"——上升与回落均非常迅速。此次舆论对于"个人所得税改革"的关注始于委员沙振权在3月

[①] 《中华人民共和国个人所得税法》，2011年6月30日公布，自2011年9月1日起施行。

3日全国政协会议上提出的将个税起征点提高到 5 000 元的提案。而 3 月 7 日财政部部长楼继伟在人大记者会上一席"个税起征点提高不公平,应当进行综合改革"的表态则引发了舆论的高潮。从 3 月 3 日到 4 月 11 日,短短一个月内共有至少 11 位人大代表或政协委员通过各种渠道公开表达了自己对于"个人所得税改革"这一问题的看法①。密集的提案使得 2016 年舆论对于"个人所得税改革"话题的关注呈现出各方意见不一、舆情意见碎片化明显的特征,委员、媒体、网民三大群体各具特征。

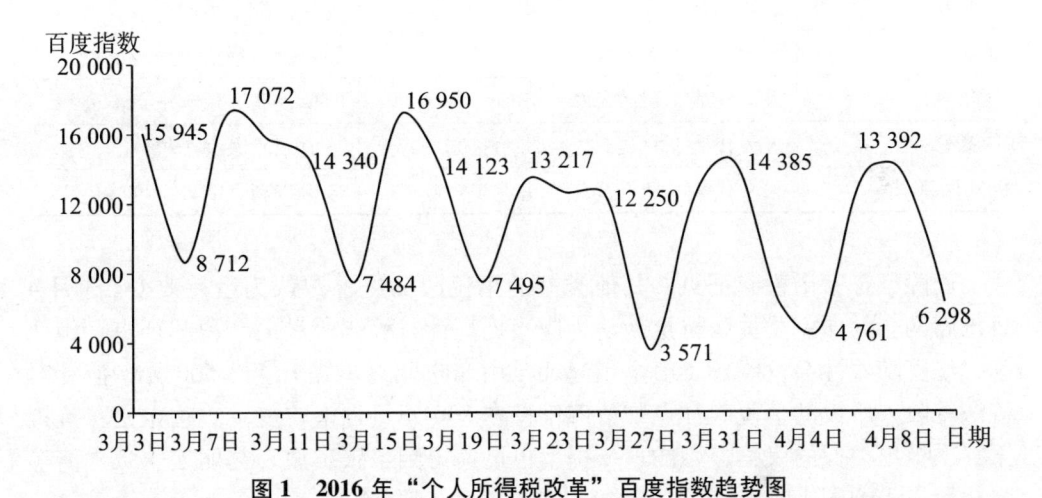

图1 2016 年"个人所得税改革"百度指数趋势图

资料来源:百度指数, http: //index. baidu. com/? tpl = trend&type = 0&area = 0&time = 20160301%7C20160430&word = %B8%F6%C8%CB%CB%F9%B5%C3%CB%B0,采集日期:2016 年 5 月 22 日。

(一) 委员纷纷提出改革议案

自 2011 年十一届全国人大常委会将个人所得税费用扣除标准调整为 3 500 元以来,个税税制一直饱受争议,因此,在 2016 年两会上众多代表与委员再一次将目光投向了个人所得税。

表1 总结了 2016 年两会上部分代表与委员就"个人所得税改革"所提出的不同方案。2016 年 3 月 3 日,即政协第十二届全国委员会第三次会议开幕当日,全国政协委员、华工工商管理学院教授沙振权再一次将"个税改革"这一话题带回了舆论的视线。他在政协会议上提出:"现行每月 3 500 元人民币的免征额为 2011 年修订,距今已经接近五年的时间。而国家统计局的统计公报显示,这五年间全国居民人均可支配收入每年的上涨幅度都在 10% 以上。但同时,居民消

---

① 数据统计截至 2016 年 5 月的新浪网、搜狐网和腾讯网的新闻报道。

费价格也在连年上涨,其中 2011 年上涨 5.4%,2012~2014 年每年的涨幅也都超过 2%。因此在这种情况下,现有的个税起征点已经不适应当前的状况,需要做进一步的上调,以减少低收入者的税收压力"①。

表 1   两会委员代表"个人所得税改革"相关提案表

发言人	身份	代表群体	关键词
沙振权	政协委员、教授	一般公众	提高工薪个税起征点
张抗抗、张洪波等	政协委员、作家	文化界人士	提高稿酬个税起征点
俞敏洪	人大代表、企业家	实习学生	提高劳务报酬个税起征点
楼继伟	人大代表、财政部长	政府	简单提高个税起征点不公平
李碧影	人大代表、官员	二胎家庭	减免二胎家庭个税
张招兴等	人大代表、地产商	房地产企业	将房贷利息纳入个税减免

而除了工薪个税起征点,其他类型的个税起征点也被认为亟待改变。3月4日出席两会的作家委员张抗抗就认为应当提高针对稿酬所设的个税起征点。她认为,尽管随着社会发展,工薪个税起征点由 800 元逐步提升至 3 500 元,但针对稿酬等收入所设的个税起征点却依旧维持在 800 元每月未曾变动。这也是张抗抗第三次提出类似的议案,她的这一提案也迅速得到了张洪波、赵丽宏、臧永清等文化界人士的积极响应②。

此外,人大代表俞敏洪也提出应当提高学生实习或兼职收入个税起征点。他认为现有的 800 元以上月实习收入征收 20% 的个税比例过高,对勤工俭学的学生来说负担较重,实习生也应与公司的正式员工一样,个税起征点应为 3 500 元③。

上述发言人从不同领域不同群体利益的角度出发,其意见建议集中反映出大众对提高个税起征点的共同期待:(1) 这是人民的迫切需求,其对于低收入群体的帮助效果是最为明显的,能够直接把改革的切实成果带给普罗大众;(2) 起征点的提高是社会经济不断发展的必然结果;(3) 而且相较复杂的综合改革方案,提高个税起征点实施成本更低,改革也更易推行。

但 3 月 7 日财政部部长楼继伟的表态给两会初期广受委员、代表支持的"提高个税起征点"议案泼了一盆冷水。在十二届全国人大四次会议的记者会中,楼

---

① 《个税起征点五年未调整政协委员建议调至 5 000 元》,http://business.sohu.com/20160304/n439322207.shtml,采集日期:2016 年 5 月 22 日。
② 《张抗抗委员:建议提高稿酬个人所得税起征点》,http://news.xinhuanet.com/politics/2016lh/2016-03/14/c_1118324270.htm,采集日期:2016 年 5 月 22 日。
③ 《俞敏洪:提高学生实习或兼职收入个税起征点》,http://learning.sohu.com/20160308/n439734832.shtml,采集日期:2016 年 5 月 22 日。

继伟部长就"财政工作和财税改革"的相关问题回答中外记者提问时表示，简单提高个税起征点并不公平："……一个人的工资五千块钱可以过日子过得不错，如果还要养孩子，甚至还要有一个需要赡养的老人，就非常拮据……所以统一减除标准本身就不公平，在工薪所得项下持续提高减除标准就不是一个方向"。他还强调了个税改革应当考虑扣除诸如房贷利息、教育费用等生活重大开支："比如说个人职业发展、再教育的扣除……现在是放开'二孩'了，大城市和小城市的标准……也不太一样……需要健全的个人收入和财产的信息系统，需要相应地修改相关法律"。[1]

在随后几天的两会讨论中，代表与委员的提案呈现出将个税结合当前社会热点问题进行综合改革的倾向。如3月8日全国人大代表、台盟上海市委专职副主委兼秘书长李碧影把今年开始实施的二胎政策与个税改革结合起来，建议减免二胎家庭的个人所得税，用个税调节二胎生育意愿；3月9日，全国人大代表、越秀集团董事长张招兴则将解决房地产库存和个税结合，提出应当研究出台房贷利息抵扣个税政策，因城施策，化解房地产库存；而全国人大代表、江西省地税局局长张和平14日接受中新网记者专访时则从整体角度提出个税改革应提高高收入人群的贡献比例。

总的来看，与支持个税起征点提高一派相对，反对个税起征点提高一派的观点可以归纳为：(1) 过去数年来舆论过于关注个税起征点的调整事实上不利于个税制度的全面改革；(2) 简单提高起征点不利于社会公平的实现，表面上造福大众的举措反而会加剧"马太效应"，拉大贫富差距；(3) 个税改革应当为我国改革大局服务，必须从整体考虑。

（二）媒体就个税改革展开激辩

作为两会的经典议题之一，"个人所得税改革"在3月受到了各大媒体的集中关注。一些经济领域的专业网站如中国经济网在两会开始之前梳理了近三年内各代表委员围绕个税起征点这一话题提出的诸多议案，为即将到来的两会预热[2]。而在两会开始后，依据焦点不同，可以将媒体对"个人所得税改革"的报道分为两个时期：3月8日前媒体就是否应当提高个税起征点展开激辩；3月8日起媒体就个税如何综合改革各抒己见。

1. 激辩个税起征点提高。3月3日至3月7日，新闻媒体围绕是否应当提高个税起征点进行了激烈讨论。在这5天内，本文搜集到搜狐、腾讯、新浪三大门

---

[1] 《楼继伟：个人所得税改革方案要分步到位》，http://news.sohu.com/20160307/n439608233.shtml，采集日期：2016年5月22日。

[2] 《盘点：哪些代表委员关注了个税起征点》，http://www.ce.cn/celt/wyry/201603/05/t20160305_9295011.shtml，采集日期：2016年5月22日。

户网站上共计23篇个税改革相关报道,其中"个税起征点提高"话题相关的报道占到17篇,是最受媒体关注的个税改革话题①。3月3日,包括搜狐网在内的国内几大门户网站(搜狐网、腾讯网、新浪网、新华网等)均第一时间报道了沙振权有关提高个税起征点的提案;3月7日楼继伟部长在人大记者会上就个人所得税改革方案进行表态之后更是引起了媒体的激烈讨论。其中腾讯网还以"今日话题:简单提高个税起征点不是好事"的形式对楼继伟部长的发言进行了专题讨论②。

图2以关键词的形式呈现了媒体就这一话题的两种不同态度。其中支持个税起征点提高的一派以《人民日报》(海外版)在3月7日的评论为代表,认为提高个税起征点在每次两会上都被提出,说明这是民心所向,直指"提高个税起征点,减轻民众个人的税负,已经成为当务之急"③。《新京报》评论也认为,个税事实上沦落为工薪税,且随着个人所得税征收范围不断扩大,已从"大众税"变成了"穷人税",中低工薪收入阶层是其主要纳税对象,不仅有失个税公平,也加重了广大工薪阶层生活负担④。而就楼继伟部长认为个税起征点提高并非公平之举的观点,搜狐网更是在8日针锋相对地指出:"提高个税起征点不公平,但维持起征点不变更加不公平"⑤。腾讯网也通过引用相关专家观点指出楼继伟讲得不太专业,侧面表达了其反对意见⑥。

支持"起征点"提高	反对"起征点"提高
起征点提高至5 000元 个税究竟"截流"多少 起征点提高刻不容缓 莫让个税沦为"工薪税" 楼继伟讲的不专业	简单提高不是好事 起征点提高空间有限 起征点提高并非公平 改革不能只盯工薪 公平应在起征点之外发力

图2 门户网站部分报道关键词分类

---

① 采集自搜狐网、腾讯网、新浪网,未重复计算转载文章,采集日期2016年5月22日。
② 《今日话题简单提高个税起征点不是好事》,http://view.inews.qq.com/a/NEW2016030802884606,采集日期:2016年5月22日。
③ 《周俊生:读懂上调个税起征点背后的社会期待》,http://star.news.sohu.com/20160307/n439576254.shtml,采集日期:2016年5月22日。
④ 《个税如何摆脱"工薪税"之实》,http://epaper.bjnews.com.cn/html/2014-09/02/content_532676.htm?div=-1,采集日期:2016年5月22日。
⑤ 《王磊:提高个税起征点怎么就不公平了》,http://star.news.sohu.com/20140307/n396190068.shtml,采集日期:2016年5月22日。
⑥ 《财税专家:楼继伟讲得不专业》,http://cul.qq.com/a/20160308/052175.htm,采集日期:2016年5月22日。

另一派不仅仅着眼于提高个税起征点，而是从综合改革的角度指出，个税改革不应只着眼于起征点，综合改革才是出路。日前被各大门户网站纷纷转载的《个税改革要让纳税人有真切获得感》一文，提出"个税改革刻不容缓，但要与结构性减税，与个人和企业减负、增强库存消化能力等改革命题衔接起来"①。而在3月7日之后，持支持态度的评论文章在媒体上逐渐占据了主流，以新浪网为代表的主要门户网站所发布的50篇以上相关文章中，直接反对"简单提高个税起征点有失公平"这一发言的文章不足10篇，其余文章均倾向于个税综合改革方案。新浪网和搜狐网分别以"个税改革应体现公平原则 在起征点之外发力"、"提高'起征点'：为何不是个税改革方向？"为标题支持了楼部长的观点②，腾讯网的评论文章也客观地表示"提高个税起征点有其合理性，但难说是公平之举，以家庭为单位征收个税是一改革方向"。

2. 热议个税综合改革方案。随着两会个税议题逐渐向"结合当前社会热点问题，对个税进行综合改革"这一方向转变，3月8日开始，媒体的关注焦点也逐渐转到对改革细节方面的讨论中来（如图3所示）。

3月8日前的门户网站报道数	3月8日后的门户网站报道数
提高个税起征点 17	提高个税起征点 14
综合改革个税 6	综合改革个税 41

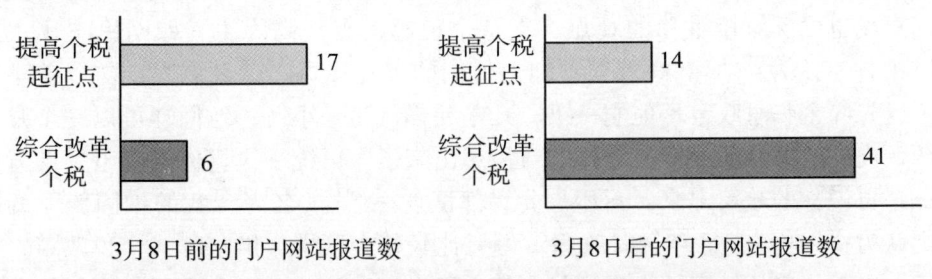

图3 3月8日前后门户网站报告个税话题关注变化图

资料来源：利用百度搜索引擎对新浪网、搜狐网、腾讯网三家门户网站的新闻内容检索，关键词为"个人所得税"，发布时间限制为3~4月。

尽管没有对"是否应当提高个税起征点"这一话题的激烈讨论，媒体就个税综合改革的细节也表达了各自不同的观点。在门户网站中，腾讯网对这一话题的关注度最高。3月7日腾讯网便发布了一篇以《两会代表：住房贷款等重大支出计税前应扣除》为题的文章，其关注的重点主要是与房地产相关的个税减税政策，讨论了住房公积金和房贷利息等减除项目对房地产库存的影响，其中不乏以如《房贷利息抵个税，有你的份吗？》等为题的解读性文章，此外也有讨论涉及鼓励二胎与个税征收的政策结合；而新浪网的报道总量略少于腾讯网，其关注重

---

① 《个税改革要让纳税人有真切获得感》，http://news.xinhuanet.com/fortune/2016-03/04/c_128773487.htm，采集日期：2016年5月22日。

② http://www.sohu.com/i/?pvid=bfd96a6b41a6bcaa，采集日期：2016年5月22日。

点也更倾向从整体层面报道楼继伟对个税综合改革的意见，对具体政策细节的探讨与设想较少；相对之下搜狐网的关注重点则放在了对个税起征点的讨论上，个税综合改革相关的文章较少见到，仅有两篇文章从顶层设计角度讨论了个税综合改革话题①。

（三）多数网民支持提高个税起征点

在"个人所得税改革"这一话题上，网民意见表达较为集中。上述提到的门户网站新闻报道中，仅有腾讯网的《今日话题：简单提高个税起征点不是好事》一文受到了网民的大量关注，截至 2016 年 5 月 29 日收到了 5 170 条评论；而其他文章评论往往都在两位数以内，有相当多的文章甚至是 0 评论。在新浪微博中以"个人所得税"为关键词进行搜索，呈现的微博网民对个人所得税改革的关注也集中在业内人士对税收政策变动的学习交流上，对相关政策的评论性微博则相对较少。

在此基础上，腾讯今日话题下的投票显示 31 008 名网民中由 90% 的网民都支持应当提高个税起征点，持反对意见的仅占 10%。在该调查下的热门评论中，网民意见也以反对楼继伟的观点，支持个税起征点提高为主。如网民"飞去来兮"的评论认为："3 000 万人，加上他们的家庭成员，一亿多人，勿以善小而不为，先弄个临时政策帮他们一下，几十元你认为是小钱，他们却可以一个月多吃两顿肉的。等你的非常非常棒的政策想出来了，再统一执行你的政策，不就好了么。再说你的政策出来，不还是要局部试点一下"。名为"我的中国梦"的网民则认为："应该起征点暂时改为 1 万元比较符合国情，推家庭式个税改革，是对于一人工作养活一家的人来说是利好，同时家庭收入征收方式可以缓解工薪阶层的压力和加速社会消费的能力，对于经济发展是利好，希望人大代表不要因小失大"②。

而如图 4 所示，微博网民的态度也与之相似。如网民"@霸道的鲁晓"评论沙振权委员提高个税起征点至 5 000 元的提案时认为其"说了一句良心话"。而有的网民如"@火焱1958"还认为个税起征点应当进一步上调："应该提高到 10 000 元以上……"

在个税综合改革问题上，多数网民表现出了欢迎态度，如"@马靖昊说会计"于 4 月 4 日发布的一篇微博中建议部分人群可以免交个人所得税："（1）大学毕业工作后，还没能够买得起房子而一直租房子居住的人群；（2）结婚后，生育了二个子女的家庭；（3）父母双方岁数已过 60 岁，双方都没有经济来源的人

---

① 腾讯网、新浪网、搜狐网，采集日期：2015 年 5 月 22 日。
② 《今日话题：简单提高个税起征点不是好事》，http://view.inews.qq.com/a/NEW2016030802884606，采集日期：2016 年 5 月 22 日。

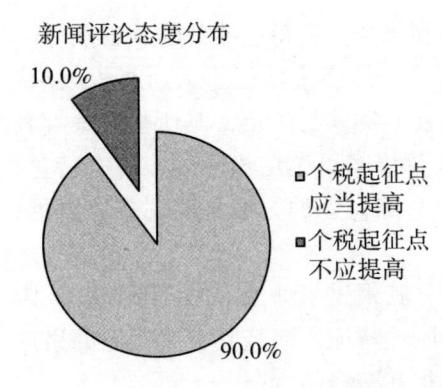

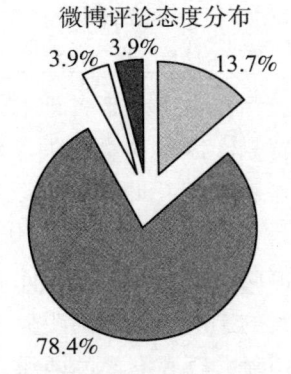

新闻评论态度分布
10.0%
90.0%
■个税起征点应当提高
■个税起征点不应提高

微博评论态度分布
3.9%　3.9%　13.7%
78.4%
■先综合改革个税
■先提高起征点
□取消个税
■其他

图4　新闻和微博中网民对于个税改革的意见分布

资料来源：《腾讯网今日话题：简单提高个税起征点不是好事》；新浪微博评论，采集日期：2016年5月22日。http：//view.inews.qq.com/a/NEW2016030802884606；http：//weibo.com/1926909715/Dl7o9n8ih? refer_flag = 1001030106 _ &type = comment#_rnd1465906487105；http：//weibo.com/1618051664/DodrQu7ts? refer _ flag = 1001030106 _ &type = comment # _ rnd1465906067151。

群；（4）家庭成员中患重大疾病的人群；（5）公务员以及全额财政拨款单位的工作人员，原因是钱由财政一个口袋进出，缴纳无实质意义。"但在该条微博之下出现了许多反对的声音，如网民"@iwtbarm"就认为："信不信有钱人能把这五个条件全给满足了。最后国家不得不出台政策限制资格，最后得利的全是有钱人轮不到真正符合条件的人。这跟保障性住房一个性质，纯市场化的利永远都要大于政府干预的弊"。网民"@美丽的金银币投资"也认为："都不好，甄别成本太高，税务员又可以寻租了。其实提高起征点即可。"[①] 此外相较这些较为冷静的理性分析，还有更多评论只是简单地表达了反对意见，甚至还有一些嘲讽与辱骂的评论出现。

三、总结与反思

（一）各方意见不一、舆情错综复杂

纵观此次舆情，对"个人所得税改革"这一话题的讨论呈现出明显的碎片化特征，各方意见交锋激烈、尚未统一。一方面，舆情参与各方所表现出的"决策层内部分歧明显、媒体报道两派交锋、网民意见一边倒"的三大特征使得此次舆论表达较为分散，难以形成统一的舆情表达；另一方面，决策层、媒体与网民间

[①] 新浪微博，马靖昊说会计，http：//weibo.com/1410448443/D5UES1f39? type = comment，采集日期：2016年5月24日。

的意见矛盾进一步增加了这种碎片化特征,不利于个人所得税改革的顺畅推行。

其一,决策层内部分歧明显。就决策层而言,两会中就"个人所得税改革"议题提出议案的委员与代表由于来自于不同的社会群体与阶层,其所提议案都具有明显的利益群体背景。因此两会中的个税改革议案可谓层出不穷、各有特色,但议案之间分歧明显甚至相互冲突,难以用一个综合性的方案来体现多方意见,满足各方需求。

其二,媒体报道两派交锋。而就媒体而言,其报道与评论的倾向不但在一定程度上受到两会提案的影响,呈现出明显的阶段性特征,而且其较决策层的讨论而言意见分化更为明显,存在突出的两派意见相互交锋的特征。

其三,网民意见一边倒。相较决策层与媒体的内部分化,网民意见却呈现出一边倒的特征,支持个税起征点提高且情绪化特征明显。部分网民将委员、代表的言论与其个人结合起来,对不支持个税起征点提高的发言采取一律的贬低态度,甚至对这些人进行人身攻击,出现了一定的辱骂、讽刺言论,为个人所得税改革的进一步开展增添了难度。

由此可见,参与此次舆情的三方所表现的三大特征均在一定程度上影响了"个人所得税改革"舆论意见的汇总。舆情表达的碎片化特征不利于改革方案综合各方面的意见,阻碍了最后改革方案的顺利形成。

(二)改革意见专业、减税民意朴素

改革需要专业分析而民众期待简单明了的减税方案。一方面年年不断地重复讨论使"个人所得税改革"相关舆情有渐冷的趋势,但楼继伟"一石激起千层浪"的表态却为决策层和媒体摆脱原有思路的窠臼,就这一传统改革话题进行更有新意的讨论提供了空间。许多参与两会的代表、委员依据自身联系群体的实际情况,提出多种改革方案;媒体也带来了一批针锋相对、据理力争的评论文章,重新"盘活"了已经略显枯燥的个税舆情,在这一层面上可以说有利于改革思路的拓宽。

但另一方面个人所得税作为纳税人直接接触的最主要税种,民众对自己所缴个人所得税金额的变迁最为敏感。而随着物价水平的不断上涨、近年来经济下行压力的持续外加上次个税起征点提高距今已5年,民众对于进一步提高个税起征点以减轻老百姓税负压力的呼声可谓日益强烈。但对于一般民众而言,由于不具备充分的专业知识,难以识别复杂的改革方案是否能切实地带来经济实惠。因此,一句简单的"个税起征点提高不公平"无疑是浇灭了他们对于减税的期待,再加之新闻"标题党"现象缩小了理性思考的空间,使得网民以情绪宣泄代替理性思考的现象表现得更为集中,评论也呈现出一边倒地反对楼继伟表态、支持提高个税起征点的特点。

由此可见，专业改革意见与朴素减税民意间的矛盾使得此次舆情中出现了决策层与媒体就"个人所得税改革"的方针、细节各持观点，但网民意见却出奇一致，一边倒支持个税起征点提高的局面，与楼继伟代表的政府改革蓝图相冲突的局面。

（三）改革多方博弈、更需因势利导

涉及利益的政策制定是一个多方博弈、筚路蓝缕的过程。个人所得税的征收与改革是我国政府缩小收入差距、促进社会的公平的一大举措。但是改革开放以来，社会经济发展势头需要个税起征点随收入水平不断变化，收入差距拉大风险要求个税增强财富调节力度。迫在眉睫的改革需求与错综复杂的利益格局相交织，向个人所得税改革提出了巨大挑战。

而财税舆情正是多元观点激烈交锋的"角斗场"。在"个人所得税改革"舆情中，委员、媒体、民众三方，支持与反对起征点提高两派，围绕改革话题在线上线下展开激烈又较为有序的辩论。他们各自给出的意见和理由，能够为下一步改革提供有益的参考意见。因此政府推行个税改革就必须从舆论场中充分提取民意，认清各方诉求。

除此之外，舆论场中的观点冲突存在着加剧现实冲突的可能，网民对政府的攻击谩骂更是威胁政策推行的一大不稳定因素。财税部门更需因势利导，理顺民意表达途径，加强和民众的沟通交流，及时遏制舆论中过度宣泄的不正之风，抓住条件增强政府公信力、树立亲民为民的形象。

（作者：郑　轩　洪　磊　刘长喜）

缘何屡屡"死灰复燃"?
——"遗产税开征谣言"网络舆情研究报告

导读:在税制改革的过程中,新立税目往往容易招致舆论非议,"遗产税开征谣言"便是这类事件的典型。短短三年间,"遗产税开征"相关传言在网络上多次引爆舆论、屡辟不止、历久弥新,这不但损害了政府部门的权威,还无形中为税制改革增加了难度。在此类谣言死灰复燃的背后,我们不能只满足于遏阻谣言的传播,更需要深入反思其传播的土壤和事件中所反映出的网民心态,方可合理决策、消弭谣言。

一、前言

9月中旬,国内多个网站与微信公众号转载文章,直指"遗产税"的征收已经"箭在弦上",并将在深圳展开试点,一时间引起居民热议。在政府出面辟谣之前,网上相关传言多以数字入题,报道标题中不乏"税率"、"起征额度"等量化概念,乍看可信度较高,极易引起不明真相的网民转发评论。

"遗产税开征"早已不是一个新鲜的话题。早在2013年7月,网上突然开始流传"深圳将试点开征遗产税"的说法,但遭到深圳市市长的辟谣。然而从2013年9月23日开始,网络上又开始流传"遗产税即将开征"的报道,其称:"国务院参事、中央财经大学税务学院副院长刘桓在一次讲座上透露,征收遗产税被写入十八届三中全会文件草稿。"[①] 这则报道经由以新浪网、搜狐网、腾讯网为代表的一系列有影响力的门户网站转载,迅速引发了网民讨论的热潮。如图1所示,2013年9月末爆发的"遗产税开征"舆情的热度达到了近年来的最高峰。随后除了几大门户网站的报道,相关传言也在天涯等门户网站上引发热议,其中不乏网民对于税负加重的担忧。但同时也存在着一些支持开征遗产税的声音:如一篇题为《对中央财经大学税务学院副院长刘桓反对开征遗产税的驳斥》

---

① 《国务院参事:征收遗产税被写入有关文件草稿》,http://finance.qq.com/a/20130925/000967.htm,采集时间:2016年10月1日。

的文章就同时在天涯论坛和百度贴吧中传播①。正当舆论热炒之时，剧情出现了反转："遗产税开征"的传言很快被证明是一则假新闻。2013年10月3日刘桓本人对媒体表态称网上热炒遗产税报道失实，相关舆情热度随即大幅减弱。

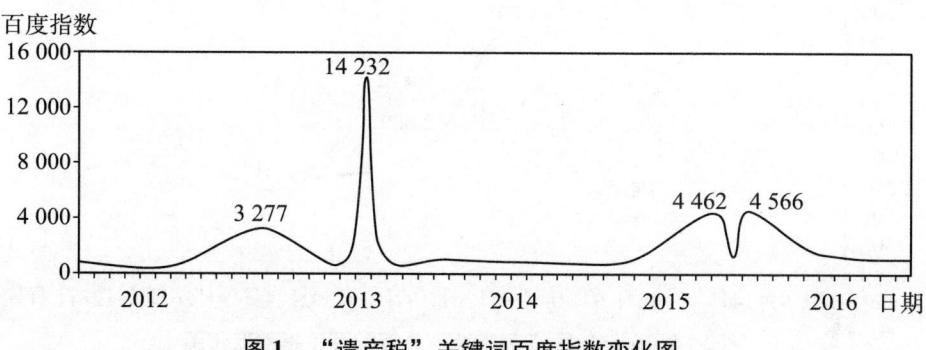

图1 "遗产税"关键词百度指数变化图

资料来源：百度指数，http://index.baidu.com/? tpl = trend&word = % D2% C5% B2% FA% CB% B0，采集日期：2016年10月1日。

而2015年9月25日，腾讯新闻网一篇题为《遗产税将于2016年开始开征 有80万以上资产必看》的新闻再次引爆舆论场。该篇报道以计算公式开篇，先分别展示了资产总和在80万~200万元、1 000万元以上两个区间的遗产需要缴纳多少税。随后报道重点强调了一个比例：遗产财富增加了15倍会导致遗产税金增加38倍，并突出现金缴纳这一概念，即遗产税的征收必须以现金形式上缴，时限3个月，否则遗产将会被没收或者拍卖。

虽然以腾讯网和新浪网为代表的线上媒体对"遗产税开征"的相关报道引发热议，但是线下媒体跟进及时，辟谣有力。2015年11月《深圳特区报》刊发深圳市政府官方消息，指出"遗产税将于2016年正式开征"为虚假消息，网上的相关讨论迅速随之降温。然而相关讨论并未完全停止，截至2015年11月30日，新浪网等门户网站上仍有文章认为遗产税将会很快到来。

二、舆情综述：2016"遗产税开征"舆情事件波动历程

2016年9月中旬，"遗产税将要开征、深圳或成首个试点"的消息又一次出现在公众视野中。纵观此次舆情的发展，舆情不但表现出"前期热点爆发快，辟谣后降温迅速"这一典型的"快热快消"式舆情特征，而且在舆情后期仍保持

---

① 《对中央财经大学税务学院副院长刘桓反对开征遗产税的驳斥》，http://bbs.tianya.cn/post - develop - 1437520 - 1.shtml，采集时间：2016年10月1日。

着一定热度的传播（如图2所示），此阶段中存在的舆论反思和谣言同样值得政府部门关注。

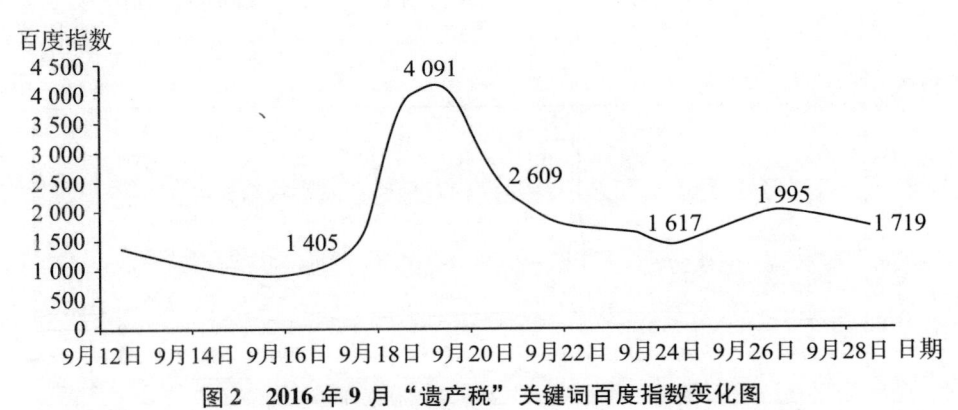

图2 2016年9月"遗产税"关键词百度指数变化图

资料来源：百度指数，http：//index. baidu. com/? tpl = trend&word =％D2％C5％B2％FA％CB％B0，采集日期：2016年10月1日。

（一）谣言再起，舆论迅速升温

9月18日前后，国内多个网站与微信公众号纷纷转发了"深圳即将在全国率先试点开征遗产税"的消息，再次引起了大量网民的关注。其中搜狐网刊登的一篇题为《重大消息 遗产税深圳开始了！》的文章在短时间内收获了超过5万的阅读量①。以该文章为代表的网络传言称，遗产税将要在深圳开始试点，以100万元的遗产为例，获得遗产需缴纳15万元的现金，而且不能从遗产里拿出；此外必须在3个月之内交齐相关款项，否则全部收归国有。此外，文章还详细列举了"新版遗产税草案"中针对不同类型遗产的多种处理办法和不同金额遗产的多档税率，以详细的内容和数字来包装其可信度，更是以《1 000万元以上遗产税率高达50％》、《三个月内不缴齐税款，遗产收归国有》等标题来夺人眼球。在新浪微博中，不少微博大V也纷纷转发该消息，如粉丝达到60万的"@股坛令狐冲"就在其微博中对上述文章内容进行引述，传播深圳将开展遗产税试点的消息②。门户网站、微信公众号、微博大V合力将舆情热度在短时间内推上高峰，9月18日的舆情百度指数显示，其热度已达到3 786，数倍于舆情爆发前1 000左右的热度值。

除了"遗产税开征"相关谣言之外，网络上也不乏针对如何避税展开的讨

---

① 《重大消息遗产税深圳开始了！》，http：//mt. sohu. com/20160918/n468584638. shtml，采集日期：2016年10月1日。

② 新浪微博，http：//weibo. com/xxpsa？is_all = 1&stat_date = 201609#feedtop，采集日期：2016年10月1日。

论。此类消息多在一些金融、投资网站如金投网上发布,内容多指向保险、信托等投资领域。这类文章吸引了金融界人士的关注,也在一定程度上进一步推高了此次舆情的热度。

(二) 官方出面辟谣,舆情热度大减

9月18日相关谣言在网上迅速传播,引起了多家媒体的关注。9月19日,《广州日报》记者致电深圳市委宣传部进行询问,消息被转到深圳国税局进行核实,得到的答复是"没有接到任何相关通知,也不知此传闻出自哪里"。深圳市委宣传部工作人员向记者表示:"如此重大的政策,肯定要以权威发布为主,网络传闻不靠谱"[①]。随后相关辟谣发言和新闻在广东当地媒体、论坛和国内其他网站上迅速传播开来。从19日开始,澎湃新闻、网易新闻、中金网等有广泛影响力的知名网站逐渐转载辟谣信息,有效遏制了"遗产税开征"谣言在全国的扩散趋势。大量辟谣信息的出现使得舆情在当日达到最高峰之后迅速降温,表现出典型的"快热快消"趋势。正如图2所示,9月19日,"遗产税"相关舆情百度指数达到2016年中的最高值4 091,9月20日舆情热度骤降至2 609,仅为前一日的一半水平,9月21日舆情热度重新降回到2 000点以下。

(三) 热度落下高峰,舆论仍有关注

虽然在官方迅速辟谣之后,舆情扩散得到了有效遏制,但并不意味着相关讨论彻底在网络上销声匿迹。一方面,9月19日之后,网络上尤其是微信朋友圈中仍然不乏"遗产税开征"相关谣言的存在;另一方面,"遗产税开征"相关的谣言屡禁不止、历久弥新的现象也引发了媒体与网民的思考。

1. 谣言"过时"但未"过气"。官方辟谣在新闻网站中起到了很好的终止谣言的效果,然而一些微信公众号的表现堪称"后知后觉",9月20号之后依旧继续转发谣言文章的公众号屡见不鲜。截至10月2日,仍然有微信公众号如"烟台旅游圈"传播题为《遗产税将于2016年开征,身价80万以上必看》的"过时"谣言。由此可以看出,官方辟谣之后的"遗产税开征"谣言"过时"但没有"过气",在微信朋友圈等领域中仍有其传播的土壤。

2. 谣言屡次传播引发思考。除了此起彼伏的传谣辟谣,近年来"遗产税开征"谣言屡次死灰复燃的现象也引发了部分媒体与网民的思考。有的媒体把关注点放在谣言本身,反思网民应当如何辨别"遗产税开征"谣言。如搜狐新闻题为《"深圳即将试点开征遗产税"传言周期性出现 真相究竟是什么》的文章认为

---

① 《深圳辟谣"开征遗产税":没接到任何相关通知,网传不靠谱》,http://www.thepaper.cn/newsDetail_forward_1531138。

所谓谣言只是噱头和诱饵,"谣言止于智者",只要了解我国税收法律制定的规章制度,网民就能够洞察传言的真假①。

另有媒体则把关注点放在"遗产税开征"这项重大议题上,对遗产税的设置进行具体讨论。如网易财经的一篇题为《深圳多次被传征收遗产税 在中国征收是否适合?》的文章就从中国目前的收入水平、传统文化和消费习惯等方面认为现在推行遗产税不符合中国国情,时机尚未成熟②。腾讯网和新浪网也有相关文章对我国当前是否适合开征遗产税进行了讨论,论述了遗产税开征存在的难点和国外征收遗产税的经验。除此之外,部分微信公众号认为屡次传出"遗产税将要开征"的消息不是空穴来风,未来有很大的可能实施征收遗产税的方案。这类观点多出现在与金融、投资相关的微信公众号中,如公众号"百保会"的文章《如何合理预先规划中国遗产税》、"财富管家"的文章《资产配置未雨绸缪,遗产税先知先觉》等都从如何合理避税的角度分析了若开征遗产税会造成的影响。

三、舆情分析:谣言成因与网民态度

(一) 谣言为何死灰复燃、屡辟不止

"遗产税"征收的谣言并不复杂,纵观2013年以来3次爆发的"遗产税开征"舆情事件,流传的谣言大同小异,其组成要素不外乎"清晰明了的征收税率"加上"力度巨大的欠税惩罚"。类似的谣言在经历官方辟谣之后往往烟消云散,但"遗产税开征"却呈现出周期性爆发的趋势,这一趋势的背后既有此类事件的普遍规律,也有其特殊原因。

1. 增设税目的普遍抵触:遗产税是一项全民议题。遗产税和个人所得税都是我国今年的财税舆情热点之一,两者之所以广受关注就是因为它们涉及每一个老百姓的切身利益。随着我国经济的快速发展,国民财富积累不断增长,遗产的处分作为公民死亡后的重要民事议题越来越受到国民普遍关注。正因如此,课税涉及全民,势必引发广泛热议。

2013年的"遗产税开征"谣言中,仅搜狐财经《国务院参事:征收遗产税写入三中全会文件草稿》一文就有22 833人参与其中,收到了1 772条评论③;2015年的"遗产税开征"舆情围绕着传谣与辟谣产生了两波舆情高峰;2016年

---

① 《"深圳即将试点开征遗产税"传言周期性出现 真相究竟是什么》,http://business.sohu.com/20160921/n468857487.shtml,采集时间:2016年10月1日。

② 《深圳多次被传征收遗产税 在中国征收是否适合?》,http://money.163.com/16/0922/16/C1J4EA0V002580S6.html,采集时间:2016年10月1日。

③ http://business.sohu.com/20130924/n387122110.shtml,采集日期:2016年10月1日。

的此次谣言中,搜狐网发布的公众平台文章《重大消息 遗产税深圳开始了!》一文的点击量也达到了 55 539 次①,财经网、新浪财经、新京报三家媒体官微发布的辟谣微博被转发总计超过 500 次,收到网友评论总计超过 1 000 条②。由此可见,尽管已经是年年谈论的"陈芝麻、烂谷子","遗产税开征"相关的话题依然能够吸引到网友的大量关注,因此也总是不缺谣言传播的土壤。

2. 房市火热的特殊推手:遗产税热议匹配当前疯狂房市。当前我国房地产市场又出现了一定的升温趋势,上海甚至一度出现了为了买房"排队离婚"的现象,房市火热可见一斑。此次"遗产税开征"舆情得到热炒与现在的疯狂房市密切相关。因为目前房产是我国家庭的主要资产,也是遗产继承的重要成分,网友在讨论可能出台的遗产税政策时往往将其与当下房价相联系。如网易网《深圳多次被传征收遗产税 在中国征收是否适合?》一文的网友评论就纷纷表示:"租的房子交什么遗产税""……怎么不敢对房价下死手?""太合适了,遗产主要就是房产么……你继承就再交一笔钱,卖了继承照样收费!"此外也有观点认为当在前房价高涨的局面下,征收遗产税一定程度上能够抑制资金过度涌入房地产市场,有助于经济的平稳发展。

3. 金融行业的幕后推手:数字入题配合强烈导向。"遗产税开征"事件热炒的背后还离不开金融机构与媒体的推波助澜。新华网舆情分析师徐延吉在其分析文章中指出:"楼市的火热场面让保险、信托等行业看到了资金流向的巨大蛋糕。此番谣言传播过程中就有不少与保险、理财等相关的微信公众号参与,从如何规避遗产税的角度,试图引导公众'规避风险',进行财富'多元化投资',其目的不言自明。"③ 在前文提到的传谣文章《重大消息 遗产税深圳开始了!》中,除了用具体数字和信息来包装其谣言,增加其可信度之外,文章的后半部分用较大篇幅介绍了所谓"解决规避和减免遗产税的方法",如通过购买保险、信托基金等方法来进行财产转移;利用免税财产作为遗产税避税策略;进行移民和海外资产配置,把财富转移到免征遗产税、增值税的国家和地区等。本研究的第一部分已经指出,许多金融、投资领域的微信公众号都把此次舆情作为自我宣传的一种手段。由此可见,部分金融媒体从业者为了宣传自身产品,吸引投资而对谣言不经审查,恣意传播,一定程度上扩大了谣言的波及范围。而"遗产税开征"相关谣言之所以在传播初期受众广泛也离不开相关新闻报道多以数字入题,在文章

---

① 《重大消息遗产税深圳开始了!》,http://mt.sohu.com/20160918/n468584638.shtml,采集日期:2016 年 10 月 1 日。

② 新浪微博,http://s.weibo.com/weibo/%25E9%2581%2597%25E4%25BA%25A7%25E7%25A8%258E&typeall=1&suball=1&timescope=custom:2016-09-18:2016-09-23&Refer=g,采集日期:2016 年 10 月 1 日。

③ 《舆情观察:"遗产税"谣言为何一传再传》,采集日期:2016 年 10 月 1 日。

中对于各档税率与税制介绍详细，看似可信度较高的因素。

（二）网民态度多元分化

面对"遗产税开征"的传言，网友的态度多以负面为主，但也并非"铁板一块"。以热度较高2015年传谣文章《遗产税将于2016年开始开征 有80万以上资产必看》为例，该文章共产生热门评论479条，经过抽样分析，样本评论中88%的网民持负面态度，3%的网民持正面态度，9%的网民持中立态度（主要是质疑消息的真实性）。负面态度类型多元，负面态度中六成为"国家抢钱论"，直指简单粗暴的征收额度和方式会损害大部分人的利益；负面态度三成为"举例反驳式"，通过列举真实或者虚构的案例，计算论证遗产税开征的不合理性；负面态度一成为单纯的辱骂、发泄（如图3所示）。而在2016年再次发生的谣言中，网友的观点更加多元，且出现了一定阶层分化的趋势。

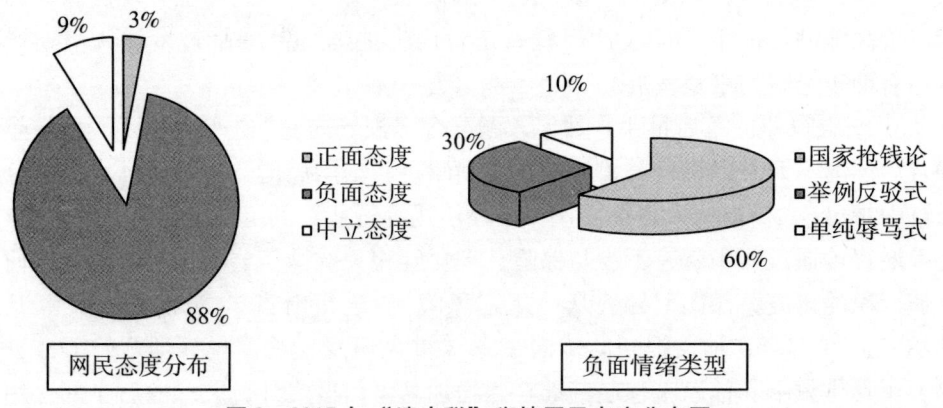

图3 2015年"遗产税"舆情网民态度分布图

资料来源：《遗产税将于2016年正式开征有80万以上资产必看》，http://fj.qq.com/a/20150925/050124.htm，采集日期：2016年10月1日。

1. 纳税人的不满：国家抢钱论。在网民的负面情绪中占比最高、最典型的观点莫过于"国家抢钱论"。该类观点把遗产税政策的出台归结为国家新的"压榨手段"，简单粗暴地表达了其对于税负过重的不满情绪。持这一观点的群体来源广泛，腾讯网网友"蟋蟀"在《征收遗产税谣言又起，你觉得可行吗？》一文下评论道："在现在的中国，收税这东西，外国有的，中国也一定要有；外国没有的，中国想尽办法也要有"。网友"前缘"也认为遗产税政策就是"……这就是鼓励生二胎的原因！"还有网友认为虽然政府出面辟谣，但谣言四起，死灰复燃就是国家不断试探民众心态的体现。如网友"大慈大悲"直接表示他认为政府口中的谣言"明明就是吹风探路的"①。

以上的网友还能以较为克制的方式表达自己的不满,有些网友则以辱骂的方式宣泄自己的不满。

2. "有房一族"的剥夺感:反驳与辱骂。在谣言中心里剥夺感最大的可能要数"有房一族"。他们一方面承受了巨大的房价压力以求在城市中谋取一席之地,另一方面却可能面对遗产继承过程中由房产带来的巨大税负,因此在谣言到来时对国家怨言颇深。这些抱怨中最典型的要数腾讯新闻网友"白健"的评论:"中国房地产已经夺去了两代人的储蓄,还有多少遗产……"② 同一条新闻下也有网友用反讽的语气评论到:"你直接说人死了有一半财产要充公不就得了1 000万高吗?不就是一线城市一套大三居?"这些都体现了"有房一族"在房价高涨局面下额外感受到的政策压力。

也有网友进一步将房产税与遗产税联系起来,如网友"李央"认为:"房产税,遗产税等等,这些都会跟国际接轨的,而至于怎么接轨,什么时候接轨,得看火候,火候到了,时机一成熟,立马拍板,皆大欢喜。目前来看,有点火候了,但还是要再等一等。"也有网友表示要用偏激的办法来应对房、税"两座大山",网友"机器人小E"就在腾讯新闻下评论:"你只要敢收,就敢把中国的房产全卖了……"

3. 低收入者审慎支持:叫好与担忧并存。和"有房一族"纷纷对"遗产税开征"表达不满乃至愤怒的同时,略带苦涩地自称为"无产阶级"的低收入者表达了对开征遗产税的支持与期待,这样的观点表达尤以2016年的舆情为甚。在网易话题《深圳多次被传征收遗产税 在中国征收是否适合?》中,有网友表示"不征遗产税,富者千代,穷者千代,有任何公平可言?"表示支持开征遗产税。而一位匿名网友驳斥了前面支持"遗产税开征"网友的观点,认为"说到房产税、资产利得税、遗产税,北京上海广东人就跳出来反对,为毛?"也有网友用反讽的语气对观点表示了支持。因此,最后也有网友总结两派人的争吵认为这不过是"阶层分化而已,也有还住在弄堂支持房产税的"。

此外也有部分低收入者担忧即使开征遗产税富人也有办法避税而穷人最终得不到实惠:"天真……税收上去你以为是补贴穷人的?"也有人担忧既得利益者会阻碍政策的推行。

由此可见,尽管网民普遍存在着对税负增加的担忧,但由于拥有资产的不同,网民间也存在着一定的阶层分化,意见相左的情况。尽管"遗产税开征"已经数次被官方证明为谣言,但网友对于是否会开征,是否应当开征的争论仍旧广

---

①② 《征收遗产税谣言又起,你觉得可行吗?》,http://coral.qq.com/1551406996,采集日期:2016年10月1日。

泛存在。

四、反思与建议：认清社会阻力，正视谣言传播

三次"遗产税开征"舆情之中，门户网站、微信公众号乃至其背后的相关利益集团都对谣言传播推波助澜。正是相关媒体平台为了自身利益，无视社会责任，在没有审核消息可靠性的情况下，三番五次转发不实信息，造成谣言具有爆发快、传播广，并且屡辟不止的特征。因此，政府部门在辟谣的同时还应当加大对不实消息的打击力度，完善惩戒措施，加大新闻媒体传谣成本，才能有效遏制谣言"死"而复生。

然而不断"死"而复生的"遗产税开征"谣言对于政府来说，一方面是扰乱民心的隐患，但另一方面也为政府提供了洞悉舆情，深入了解民意的机会。因此政府应当科学对待始于谣言的"遗产税开征"舆情，在管控谣言的同时更利用好谣言背后反映出的舆情民意。

纵观三次舆情事件，可以看出网民之中支持"开征遗产税"的一方意见较为集中，遗产税对于财富分配的调节作用是这一民意派别的主要论据。随着改革开放的深入，逐渐显现的收入分配不公问题已经影响到我国经济社会的可持续发展，隐约可见的阶层固化格局开始成为深化改革无法回避的严肃课题。遗产税作为财富分配调节，尤其是财富代际分配调节的重要手段，有利于减轻先赋条件对个体发展的影响，提高个人奋斗在改变命运中的作用。社会需求、理论推演与国际经验都支持把"开征遗产税"作为促进我国社会公平的一大重要手段。因此当"寒门还能否出贵子"成为社会热议话题之时，"开征遗产税"的民意基础已经初步具备。

可近年来，尤其是2016年的"深圳开征遗产税"舆情事件中，尽管存在着支持开征遗产税的人群，但抽样调查显示无论从总体比例还是从言辞激烈程度来说，反对开征遗产税的人群都更多。这反映了"开征遗产税"的民意基础虽然存在，但是时机尚未完全成熟。考虑到负面民意背后的三大社会阻力，如果在当前舆论局面下贸然开征遗产税，很有可能引起巨大的反对浪潮，徒增社会不安定因素。而减税民意、房价压力与文化传统这三大因素正是产生负面民意的三大社会阻力。

其一，我国经济社会水平尚不发达，税负相对民众收入水平和社会保障水平而言仍然偏高，开增重大新税目时机尚不成熟。2013年以来三次影响力较广的"遗产税开征"谣言都激起了民众较为强烈的反对情绪。尤其是在当前我国税收面临整体改革的局面下，民众"减税"呼声颇高（同样的民意基础也体现在2016年"个人所得税改革"相关舆情中）。此时如果推出新税目，无论其是否会

增加百姓税负，都容易被相关利益集团利用，鼓动不明真相的群众对新政"一片喊打"，对税收新政推行造成不良影响。

其二，当前我国房价偏热，民众买房压力巨大，此时开征遗产税容易会与房价形成叠加效应，增加政策推行阻力。2016年"遗产税开征"舆情的爆发恰逢房市火热时期，无序的谣言传播使得网民多数将二者的双重压力结合起来，认为政府是在"割羊毛"，加重不满情绪。反之，如果真正推行"遗产税"之时，政府能够做好宣传工作，将遗产税的征收与打压房价相结合，就能够有效引导民意释放，减少政策推行的阻力。

其三，遗产税与我国传统的养儿防老、储蓄传子的传统观念不符合，民众接受度低，实施压力倍增。国外实施遗产税的经验表明，遗产税的推行与社会观念的改变，尤其是鼓励消费、回馈社会的财富观念具有相辅相成的作用。而民众传统观念的改变是长期性、系统性的工作，在社会保障体系等托底措施建立之前，遗产税推行的土壤很难说真正具备。

因此面对谣言，政府要做的应当包含及时通过多种手段积极向民众辟谣，对造谣传谣的媒体与个人加强监管与处罚；还要能够拨开迷雾，反思屡辟不止、"死"而复生的谣言为何能有传播的土壤，充分了解民众对于谣言所持的不同态度。在洞察民意之下，政府部门进一步区分有利因素与社会阻力，真正做到因势利导，从而把握宣传导向、适时推进改革。

（作者：郑　轩　洪　磊　刘长喜）

全国各省（区、市）地税局官方微信运营状况分析报告

一、前言

伴随着互联网的迅猛发展，微信在人们的日常生活中扮演着不可或缺的角色。鉴于微信在传播信息方面的即时性和广泛性，政府也越来越重视官方微信的建设。今年2月，中共中央办公厅、国务院办公厅印发的《关于全面推进政务公开工作的意见》中提出，要"充分利用政务微博微信、政务客户端等新平台，扩大信息传播，开展在线服务，增强用户体验"；"通过信息共享、互联互通、业务协同，实行审批和服务事项在线咨询、网上办理、电子监察，做到利企便民"。

据《2015年度全国政务新媒体报告》显示，2015年中国政务微信公众号已突破10万大关，政务微信处于加速发展阶段，微信平台成为政务发声的重要渠道。构建官方微信公众号，一方面有利于政策规定向下传递，另一方面，也有助于打造政府与公众互动交流的沟通机制。本研究通过构建一系列指标体系，对31个省（区、市）地税局的官方微信账号的运营和建设情况进行测量，并对比了31个省（区、市）地税局对微信的使用情况，从而促使各省市地税局部门加强对微信的使用和建设，实现与时俱进和与民俱进，打造政务政情传达平台和公众反馈互动平台。

二、研究设计

（一）数据采集与抽样

1. 全国各省（区、市）地税局官方微信账号的确定与收集。本榜单包含30个省（区、市）的官方微信，所选取样本均通过官方认证，分别是"@北京地税""@上海税务""@天津地税""@河北地税""@辽宁地税""@江苏地税""@浙江地税""@福建地税""@山东地税""@广东地税""@海南地税""@河

南地税""@山西地税""@吉林省地方税务局""@黑龙江省地方税务局""@安徽地税""@江西地税""@湖南地税""@湖北地税""@四川地税""@重庆地税""@云南地税""@贵州地税""@陕西地税""@甘肃省地方税务局""@宁夏地税""@青海地税""@新疆地税""@广西地税""@内蒙古地税"。值得注意的是,除了西藏、香港、澳门和台湾之外,本榜单涵盖了其他所有省级行政单位的地税局官方微信账号。

2. 微信文章抽样。为了对各省地税局微信账号推送的文章进行内容分析,本研究进行了随机抽样。研究以2016年10月1日至2016年11月30日为期限,对在此期间发送微信文章数小于80条的账号,进行逐条内容分析,抽样样本即为总体;对在此期间发送微信文章数量大于80条的账号,进行超额累进系统抽样,抽样系数和抽样数目见表1。

表1　　　　　　　　微信文章超额累进抽样系数

样本微博数	抽样系数	抽样条数区间
0~80	—	0~80
80~160	2	40~80
160~240	3	53~80
240~320	4	60~80
320以上	5	64以上

(二) 评价指标构建

本研究依据将研究对象划分为三大维度,进行指标构建,分别是传播力指标、信息服务力指标和互动力指标,从三大指标出发,对其进行了数据统计,并制作了总排行榜和分排行榜,直观地展示出各省(区、市)地税局官方微信的发展水平。

传播力指标针对各省(区、市)地税局官方微信账号而言,代表了各微信账号的权威性、易得性、功能性、及时性,账号开通的时间越早,越能完善基本信息和官方认证,越容易被用户获取,越能够完善模块功能的构建,那么本项指标的得分就越高,表明该省地税局在微信账号开通及维护方面做得比较出色。

信息服务力指标针对各省(区、市)地税局官方微信的文章而言,代表了其文章发布的总规模、日均规模、文章呈现方式的丰富性。信息服务力指标得分越高,表明该省地税局发布的微信文章数量越多,文章的呈现方式越丰富。

互动力指标针对各省(区、市)地税局官方微信与用户的互动而言,主要考察了阅读指标和点赞指标,前者是官方微信主体与用户在微信文章上的初步互动，后者是在阅读基础上的进一步互动，反映了用户对推送的文章的认同程度。具体的指标体系见表2。

表2　各省（区、市）地税局官方微信评价指标构建

一级指标	二级指标	三级指标
传播力指标	权威性	是否官方认证
		是否有官方简介
	易得性	是否可从官网获知
	功能性	是否有可选模块
		模块数量
	及时性	开通天数
信息服务力指标	消息规模	消息数量
		日均消息推送量
	形式丰富性	文字
		图片
		视频
互动力指标	阅读指标	阅读量
		阅读率
	点赞指标	点赞量
		点赞率

三、微信总排行榜及各二级指标分榜

（一）微信总排行榜

研究数据显示，上海、辽宁、北京三省地税局的官方微信位列总排行榜前三。其中上海在传播力指标和互动力指标得分上表现最优，信息服务力指标得分上也位居前列，因此总分遥遥领先；辽宁则凭借推送的消息规模位列第二；北京在传播力指标和互动力指标上均位列前三，不管是消息推送的数量、呈现方式的丰富性程度还是阅读指标和点赞指标上，都表现比较突出。表现不佳的其他省份主要是在信息服务力指标得分和互动力指标得分上存在一定问题，包括推送的消息数量低，形式单调乏味，阅读量和点赞量少，等等。表3为10~11月全国30个省（区、市）地税局官方微信排行总榜。

表3　　省（区、市）地税局官方微信总排行榜

序号	省份	地区	传播力指标得分	信息服务力指标得分	互动力指标得分	总分
1	上海	东部	28.52	17.85	40.00	86.37
2	辽宁	东部	25.00	27.19	2.02	54.21
3	北京	东部	24.25	19.61	9.76	53.62
4	河南	中部	28.33	20.82	1.97	51.12
5	河北	东部	24.63	22.02	4.23	50.88
6	四川	西部	28.75	19.67	0.67	49.09
7	海南	东部	23.04	19.24	6.50	48.78
8	湖南	中部	28.34	16.95	3.30	48.59
9	广东	东部	23.36	19.04	4.97	47.37
10	陕西	西部	24.61	15.72	2.47	42.80
11	山东	东部	26.06	15.38	0.14	41.58
12	湖北	中部	24.32	16.07	0.98	41.37
13	福建	东部	23.51	16.57	1.28	41.36
14	江苏	东部	19.24	18.00	0.75	37.99
15	浙江	东部	23.34	6.03	6.76	36.13
16	宁夏	西部	25.11	10.17	0.11	35.39
17	重庆	西部	24.75	6.36	2.54	33.65
18	甘肃	西部	25.64	7.65	0.20	33.49
19	云南	西部	23.34	9.76	0.29	33.39
20	内蒙古	西部	27.58	3.02	1.47	32.07
21	广西	西部	23.54	6.15	2.37	32.06
22	贵州	西部	17.72	11.33	1.56	30.61
23	安徽	中部	18.49	9.75	1.16	29.40
24	天津	东部	26.26	0.50	1.73	28.49
25	吉林	中部	25.40	2.34	0.68	28.42
26	新疆	西部	24.75	0.21	2.39	27.35
27	青海	西部	18.03	7.19	0.49	25.71
28	山西	中部	23.00	0.00	0.00	23.00
29	江西	中部	19.62	0.00	0.00	19.62
30	黑龙江	中部	15.73	1.17	0.90	17.80

（二）微信分排行榜

1. 传播力指标排行榜。30 个省份地税局官方微信账号都有官方认证，并且能够从地税局官方网站上获得微信账号的二维码，约 2/3 的地税局官方微信账号有简介，北京、辽宁、浙江、福建、广东、江西、湖北、重庆、云南、陕西、青海这 11 个省份没有微信简介。

政务微信官方账号普遍注重便利性原则，具体体现在绝大多数的地税局官方微信在聊天界面底部都设置了不同的功能模块，以便用户进行快捷的菜单选择。26 个省份的官方微信均设置了三个完整的功能模块，分类精细、界面清晰；安徽、贵州两省设置了一个功能模块；仅江苏和黑龙江两省的地税局官方微信没有设置可选模块。

表 4 显示了各省（区、市）地税局官方微信的传播力指标排名，四川、上海、湖南、河南、内蒙古的地税局官方微信位列前五，这五个省份的地税局官方微信都做到了有微信认证和简介，可从地税局官方网站获得，都有 3 个可选模块，因此各省份之间的分数差距并不大，影响分数差距的主要是开通时间的早晚。在传播力指标方面，仅贵州、黑龙江两省不及格，贵州省不及格主要是因为其认证时间远远晚于其他省份，于 2016 年 10 月 31 日才完成官方认证，在及时性上落后于其他省份；而黑龙江则是因为其没有进行版块设置，并且于 2016 年 7 月 27 日才开通微信公众号，不具备及时性和功能性特征。

表 4　各省（区、市）地税局官方微信传播力指标排行榜

序号	省份	地区	传播力指标得分（百分制）
1	四川	西部	95.83
2	上海	东部	95.07
3	湖南	中部	94.47
4	河南	中部	94.43
5	内蒙古	西部	91.93
6	天津	东部	87.53
7	山东	东部	86.87
8	甘肃	西部	85.47
9	吉林	中部	84.67
10	宁夏	西部	83.70
11	辽宁	东部	83.33
12	重庆	西部	82.50

续表

序号	省份	地区	传播力指标得分（百分制）
13	新疆	西部	82.50
14	河北	东部	82.10
15	陕西	西部	82.03
16	湖北	中部	81.07
17	北京	东部	80.83
18	广西	西部	78.47
19	福建	东部	78.37
20	广东	东部	77.87
21	浙江	东部	77.80
22	云南	西部	77.80
23	海南	东部	76.80
24	山西	中部	76.67
25	江西	中部	65.40
26	江苏	东部	64.13
27	安徽	中部	61.63
28	青海	西部	60.10
29	贵州	西部	59.07
30	黑龙江	中部	52.43

2. 信息服务力指标排行榜。信息服务力指标主要考察了各省（区、市）地税局官方微信账号运营两个方面的内容：消息规模和形式的丰富程度。一般来说，一个省（区、市）的地税局微信账号推送的消息数量越多，说明这一省份的公众号越能及时将大量的信息传递给公众；消息形式的丰富性，则衡量了这一省份的公众号在推送信息的时候是否考虑到了满足公众多元化的需求。

在表5中，辽宁凭借推送的消息数量占据第一，在10~11月两个月的时间内推送了358条消息，平均每天推送5.9条。紧随其后的河南、北京、河北、四川四省推送的消息数量相差不大，分别推送了226、215、213、219条消息，但是在形式丰富性方面，河北综合运用多种呈现方式，指标得分上略胜河南一筹，因此在信息服务力指标方面河北、河南分列二、三位。在这一指标得分上不及格的省份公众号，一般在以下两个方面存在问题：推送消息不够密集，消息呈现的形式过于单一。最为突出的山西、江西两省在10~11月两个月的时间内并没有推送任何信息，因此得分为0。

表5　各省（区、市）地税局官方微信信息服务力指标排行榜

序号	省份	地区	信息服务力指标得分（百分制）
1	辽宁	东部	90.63
2	河北	东部	73.40
3	河南	中部	69.40
4	四川	西部	65.57
5	北京	东部	65.37
6	海南	东部	64.13
7	广东	东部	63.47
8	江苏	东部	60.00
9	上海	东部	59.50
10	湖南	中部	56.50
11	福建	东部	55.23
12	湖北	中部	53.57
13	陕西	西部	52.40
14	山东	东部	51.27
15	贵州	西部	37.77
16	宁夏	西部	33.90
17	云南	西部	32.53
18	安徽	中部	32.50
19	甘肃	西部	25.50
20	青海	西部	23.97
21	重庆	西部	21.20
22	广西	西部	20.50
23	浙江	东部	20.10
24	内蒙古	西部	10.07
25	吉林	中部	7.80
26	黑龙江	中部	3.90
27	天津	东部	1.67
28	新疆	西部	0.70
29	山西	中部	0.00
30	江西	中部	0.00

3. 互动力指标排行榜。互动力指标是衡量有多少用户阅读了各省（区、市）地税局官方微信推送的消息，并对其推送的消息进行回应（点赞），该指标集中体现了在微信平台上，地税局的官方微信与用户之间的互动情况，点赞一定程度上可以表示用户对其推送信息的赞同程度。

由表6可知，在互动方面，上海一枝独秀，在阅读量、阅读率、点赞量和点赞率上均遥遥领先于其他省份。短短的两个月内，上海推送的信息阅读量高达528 307次，平均每条信息得到了7 885.18次阅读；点赞指标方面，上海以10 579个点赞数排名第一。北京则以225 712次阅读数和1 106个点赞数位列第二，但是被上海拉开了较大差距。

表6　各省（区、市）地税局官方微信互动力指标排行榜

序号	省份	地区	互动力指标得分（百分制）
1	上海	东部	100.00
2	北京	东部	24.40
3	浙江	东部	16.90
4	海南	东部	16.25
5	广东	东部	12.43
6	河北	东部	10.58
7	湖南	中部	8.25
8	重庆	西部	6.35
9	陕西	西部	6.18
10	新疆	西部	5.98
11	广西	西部	5.93
12	辽宁	东部	5.05
13	河南	中部	4.93
14	天津	东部	4.33
15	贵州	西部	3.90
16	内蒙古	西部	3.68
17	福建	东部	3.20
18	安徽	中部	2.90
19	湖北	中部	2.45
20	黑龙江	中部	2.25
21	江苏	东部	1.88
22	吉林	中部	1.70
23	四川	西部	1.68
24	青海	西部	1.23
25	云南	西部	0.73
26	甘肃	西部	0.50

续表

序号	省份	地区	互动力指标得分（百分制）
27	山东	东部	0.35
28	宁夏	西部	0.28
29	山西	中部	0.00
30	江西	中部	0.00

四、各省（区、市）官方微信特征分析

（一）共性特征分析：页面框架设置趋同

依据调查资料我们发现，各省（区、市）官方微信在三大页面的构建上存在一些共性特征（见图1）：在介绍页面，各省（区、市）地税局官方微信注重页面设置的规范性，均统一采用了税徽Logo，并设置了"功能介绍"和"账号主体"，介绍了其官方微信账号的基本功能；在互动页面，大部分省（区、市）地税局官方微信会在用户关注的第一时间发送问候语，给用户一点贴心服务。互动页面底部，绝大多数省（区、市）都设置了功能模块，以便用户能获取所需；在消息页面，近六成的省（区、市）地税局官方微信采用了"关键词+标题"的模式来推送信息，简洁明确，一目了然。另外，多数信息使用了与税务相关的配图，彰显出税务机关的特色。

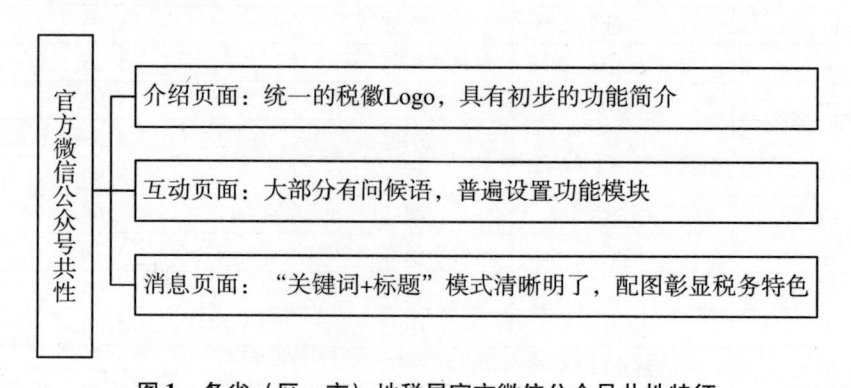

```
官方微信公众号共性 ─┬─ 介绍页面：统一的税徽Logo，具有初步的功能简介
                    ├─ 互动页面：大部分有问候语，普遍设置功能模块
                    └─ 消息页面："关键词+标题"模式清晰明了，配图彰显税务特色
```

图1 各省（区、市）地税局官方微信公众号共性特征

（二）个性特征分析：功能定位与服务到位度差异明显

各省（区、市）地税局官方微信公众号不仅存在共性特征，当然也不乏有自己的特色之处（见图2），其个性特征主要体现在功能定位和服务到位程度两个

方面。从功能定位上来看，上海定位为便民利企服务平台，在功能模块方面分别为群众和企业提供了纳税相关的服务链接；而辽宁则定位为信息宣传发布平台，围绕信息进行了模块设置。在服务到位程度方面，各省（区、市）地税局官方微信公众号更是各显神通，部分省（区、市）地税局官方微信公众号在介绍页面提供了地理位置和客服电话，有助于公众办理相关事务和税务咨询，海南甚至为公众提供了 WiFi 服务；大部分省（区、市）地税局官方微信公众号设置了 3 个功能模块，能够满足公众的多元需求，但是也存在仅设置了一个功能模块的情况；除此之外，上海、广东、湖南等省（区、市）还提供了快捷键服务，当用户输入一些特殊数字的时候，能够直接获取其代表的税收信息，大大节省用户的时间。

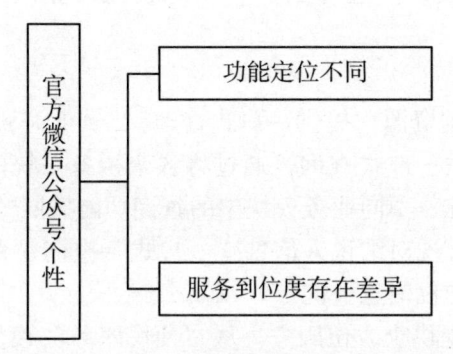

图 2　各省（区、市）地税局官方微信公众号个性特征

五、典型案例剖析

（一）上海模式：便民利企服务平台

1. "@上海税务"微信公众号简介。上海地税局于 2014 年 9 月 16 日开通微信公众号"@上海税务"，该微信公众号共设置了三个模块（见图 3）：（1）税收法规。列举了国家发布的各类税收政策法规，比如《关于启用增值税普通发票（卷票）有关事项的公告》《关于企业所得税有关问题的公告》《关于调整增值税一般纳税人留抵税额申报口径的公告》等，并设置搜索框，可在框内进行搜索。（2）涉税查询。包含五大部分：大厅流量、发票信息、个人纳税信息、一户式查询和房产税缴纳。（3）便民服务。该模块列举了企业微网厅、网厅操作指南、征期日历、个税申报指南、税费缴纳等五方面的内容，直接为群众和企业提供便利。

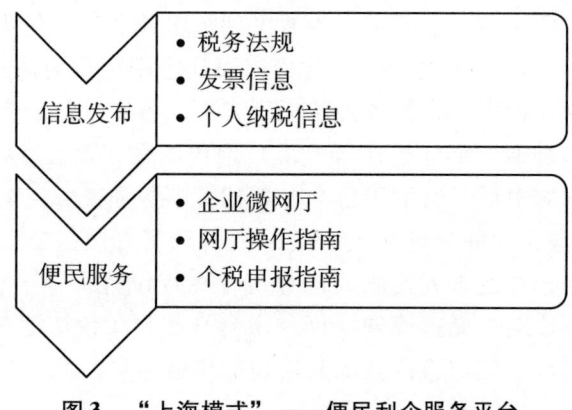

```
信息发布
  • 税务法规
  • 发票信息
  • 个人纳税信息

便民服务
  • 企业微网厅
  • 网厅操作指南
  • 个税申报指南
```

图3 "上海模式"——便民利企服务平台

2. 特点剖析。

(1) 整合税收数据资源，提供一户式查询。"@上海税务"积极响应国家号召，在模块设置中提供一户式查询，通过将各个税务系统的信息资源进行整合，将分散在各个不同系统、不同业务模块中的查询功能按照"一户式"的要求进行整理、筛选、归并，实现对纳税人信息"一户式"查询、管理和存储，为纳税群众提供全面、快速的纳税信息查询。

(2) 以民为本，提供全方位服务。从"便民服务"模块可以看出，"@上海税务"能够有效帮助企业和群众完成税务事务的办理。企业通过"企业微网厅"可以查询企业税务事务的办理进度、查看企业的税务预约、确认企业的档案登记，并学习到相关的纳税知识。而群众能够依据"@上海税务"提供的各类指南判断自己如何申报和缴纳个人所得税等税种，还可以获取税费缴纳的基本信息。

(二) 辽宁模式：信息宣传发布平台

1. "@辽宁地税"微信公众号简介。"@辽宁地税"是辽宁省地方税务局于2014年2月18号开通的微信公众号，在辽宁省地方税务局官网上可以通过扫描二维码直接关注的，便于群众获知（见图4）。

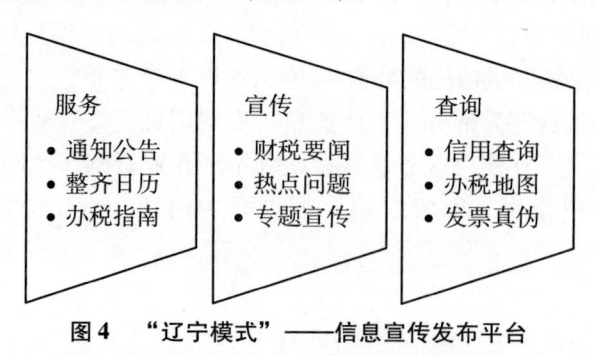

```
服务              宣传              查询
• 通知公告        • 财税要闻        • 信用查询
• 整齐日历        • 热点问题        • 办税地图
• 办税指南        • 专题宣传        • 发票真伪
```

图4 "辽宁模式"——信息宣传发布平台

"@辽宁地税"通过打造服务、宣传、查询三大模块，构建了地方税务信息宣传发布的平台，不同的模块负责发布不同的信息：（1）服务模块主要发布通知公告、征期日历、办税指南等信息，为群众提供与地税服务相关的通知；（2）宣传模块侧重财税要闻、热点问题、专题宣传等等，向群众推广国家的财税政策和新闻等等；（3）查询模块则为群众提供信用查询、办税地图、双公示、发票真伪查询等信息，帮助群众掌握自己的信用情况，识别发票真伪等等。三大模块环环相扣，成为辽宁省地方税务局发布信息的辅助渠道，有利于税务服务、政策等信息的上传下达。

2. 特点剖析。

（1）推送微信文章规模大，呈现方式多样。"@辽宁地税"在短短的3个月里推送了五百多篇文章，涉及税收政策、办税指南、财税新闻、专题宣传等多个主题，平均每天发布了6篇文章左右，在各省级行政单位的地方税务局官方微信公众号中仅文章规模一项就拔得第一，表明"@辽宁地税"积极利用微信平台进行信息的宣传和发布工作，这一点值得其他省份学习。另外，"@辽宁地税"推送的微信文章活用了文字、图片、视频等多种呈现方式，相比一些省份的微信公众号仅仅用文字来推送信息的单一方式而言，能够提高群众阅读和交流的兴趣，有助于扩大微信文章的传播范围。

（2）凝合服务、宣传、查询三大模块，打造信息畅达平台。"@辽宁地税"在模块设置中按照服务、宣传、查询进行了分类，不同的模块包含了相应的地税事务类型，比如服务中包含了通知公告、征期日历、办税指南等内容，宣传则主要传达财税要闻、热点问题、专题宣传等税收信息，查询能够帮助群众获取信用水平、发票真伪信息等等，形成了畅通的信息传递平台。比如"@辽宁地税"连续三天均发布了与环保税有关的微信文章，"环境保护税法全国人大正式通过！2018年1月1日实施""'绿色税'2018年开收，能否减少污染物排放""环保费改税，约束更有利"分别侧重于从税收政策宣传、回应大众质疑、倒逼企业减排的角度对环保税进行了剖析和解读，信息多方位、多角度地传到给公众，彰显出"@辽宁地税"在信息发布方面的用心程度。

六、建议

（一）千篇一律易致审美疲劳，明确定位方能脱颖而出

各省（区、市）地税局在政务微信的构建与运营过程中可以相互学习借鉴，这一方面有助于取他人之长，补自己之短；另一方面，学习借鉴其他省（区、市）地税局的政务微信建设也有助于形成规范统一的标准，便于各省

（区、市）地税局官方微信推广运营经验。但是学习借鉴不等于照抄照搬，千篇一律、缺乏明确特征的政务微信设置很容易使公众产生审美疲劳，也很难吸引公众主动关注地税局的官方微信，政府也难以借助微信平台来实现政务信息公开化、透明化的目标。纵观本次研究中各省（区、市）地税局官方微信运营情况，可以发现，不少省（区、市）地税局的官方微信没有清晰明确的功能定位，信息发布、政策解读、税务服务等多种功能混杂在一起，公众难以从庞杂的功能细分目录中迅速获得所需。与之形成鲜明对比的是，"@上海税务"打造了"便民利企服务平台"运营发展模式，"@辽宁地税"构建了"信息宣传发布平台"运营发展模式，通过结合本地税局的优势资源，明确地税局微信的功能定位，"@上海税务"与"@辽宁地税"具备了区别于其他省（区、市）地税局官方微信的核心竞争力，因而在此次全国各省（区、市）地税局官方微信排行榜单上名列前茅。

因此，基于上述考量，我们认为政务微信要明确其功能定位，发展出独特的本省（区、市）地税局官方微信，不管是以服务为主打特色，或是追求信息传递，或是结合优势资源，实现税务部门的一线式整合，都能够在一众同质化严重的各省（区、市）地税局官方微信中脱颖而出，其传递信息以回应群众关切、联系群众以深化官民感情的功能都能够得到最大程度的发挥。事实上，政务微信的建设与运营不能陷入一味模仿抄袭的怪圈，在确立本省（区、市）地税局官方微信的定位方面，可以围绕"服务"一词来做文章，针对服务对象、服务内容、服务特色等等进行适当发挥。就现阶段全国各省（区、市）地税局官方微信运营状况来看，仅寥寥几省（区、市）发展出了独特的功能运营模式，不可否认，其他省（区、市）仍有很大的进步空间。

（二）重视一方水土，政务新媒体凸显地域特色

全国各省（区、市）地税局官方微信不仅仅要发挥传递税务信息、解答税务疑问的服务功能，如能结合地域特色，在发挥税务服务基本功能的时候彰显出一方水土的特色，则无异于如虎添翼、画龙点睛。由各省（区、市）地税局开通并运营的政务微信作为地方的官方微信，亦是其城市形象、地域特征的一大代表，各省（区、市）地税局官方微信如能构建具有地方特色的政务微信，可以为其政务传达、联系群众的功能施展锦上添花。通过截取全国各省（区、市）地税局官方微信的历史信息界面的截图，可以发现，"@陕西地税"则一律采用了"税"字配图，"@黑龙江省地方税务局"则普遍采用了黑龙江省地税局的税务徽作为推送文章的配图，二者均充分彰显了税务机关特色，但是略显呆板。而与之形成鲜明对比的是，"@海南地税"在消息页面上一律采用了大海作为配图，展现出海南省浓郁的地方特色——海南省四周临海，在一众省（区、市）地税局官方微

信中表现非常亮眼。

在新媒体时代，政务微信的建设要"巧花心思"，创新思路，才能实现思想引领与舆论引导，否则很难吸引公众的关注，缺乏受众群体的微信公众号能够发挥的作用毕竟有限。如果各省（区、市）在建设本省（区、市）地税局官方微信的时候，与本地区的自然景观、人文风俗进行结合，不仅能够强化公众对该省（区、市）地税局官方微信的感官印象，同时还能够唤起公众的认同感与自豪感。既能强化城市形象，宣传地方人文特色，又能传递税务信息、提供便民服务，实在是一举两得。因此，政务微信需要实施差异化战略，结合本省（区、市）的地域特征和城市定位来构建和发展具有浓郁地方特色的地税局官方微信。但是，如何结合本省（区、市）的地域特色，塑造服务型政务微信形象，是现阶段各省（区、市）地税局官方微信运营过程中需要反思的问题。

（三）政务公开仅是冰山一角，多管齐下打造互动典范

作为政府新媒体发展新模式，"两微一端"的运营发展状况对政务信息的传递至关重要。发展政务微信，有独特的意义和价值。政务微信既是政府占据舆论阵地的重要保障，也是拓展政务信息的辐射力，更好服务群众的新型手段。政府打造政务微信不单单是为了以微信为平台公布各类权威政务信息，这仅仅是政务微信的一部分功能，同时也要充分利用微信的互动功能，以及时、便捷的方式与公众进行互动交流。也就是说，政务微信需要发挥其"沟通"、"便民"、"施政"的价值。但是就全国各省（区、市）地税局官方微信运营状况来看，明显可以发现，各省（区、市）在其地税局官方微信的信息传递功能建设水平上拉开了较大的差距，"@辽宁地税"发布信息数遥遥领先，而最差的两个省份的地税局官方微信处于闲置状态，两个月内一条信息都未推送，根本没有发挥政务微信及时发布权威信息给公众的基本功能。除此之外，仅"@上海税务"实现了与公众的积极互动，在互动力指标上独占鳌头，并且形成了"便民利企"的服务模式，发挥了"沟通"、"便民"的价值，其他各省（区、市）在各个方面都未能达到目标要求。

作为政务微信，第一要义是传递信息给大众，政府要更加积极主动地运营政务微信，加快信息更新和推送的速度，增加推送数量，便于用户及时获取税务信息；既是公布政务信息以供公众查询和了解，接受广大公众的即时监督。另外，政府建设政务微信不能仅仅从自己的角度出发，要为受众考虑，要具备"用户至上"的思维，将"服务型政府"的理念拓展到线上平台活动中去，在推送信息的时候，注意采用一些文字+配图、视频、音乐的形式来满足用户的多元化需求，拓展政务信息受众群体范围。当然，便民的同时也要加强与公众的互动交流，及时向公众传达信息，并通过满意度问卷调查、局长信箱等方式保证公众能

够及时反馈意见，建立实时互动反馈的沟通机制，政务微信运营过程中，政府要以平等包容的心态对待批评，以客观公正的态度解答疑惑，以认真负责的精神解决群众切身利益问题。政府要综合多种手段，多管齐下，营造便民利民的政务微信平台。

（作者：范丹阳　洪　磊　刘长喜）

全国各省（区、市）国税局、财政局官方微博运营状况分析报告

一、前言

政府官方微博不仅是财税政策发布与传播的靶向平台，更是政府与民众双向互动的主要渠道。官方微博所发布的信息更为准确、真实、可靠，往往能减少政策传播"失真"现象的出现；同时，各省（区、市）官方微博配合中央纷纷转发扩散，可进一步加快政策的普及，使政策更好的直达民众身边。从双向互动的角度来看，网民可在官方微博下对特定财税政策进行转发、评论和点赞，及时对政策作出反馈。这有助于政府倾听民意，为政策的进一步完善打下坚实的基础。

本书已有多篇案例与专题强调政府官方微博在财税舆情事件发展中的重要作用。官媒运作良莠会对财税事件的舆情走向产生重要影响，因此本研究将对全国各省（区、市）财税官媒运作情况进行考察，以财政局官方微博和国税局官方微博为例，对财政官媒新媒体与国税官媒新媒体进行年度分析，通过一系列的指标数据，对其进行综合排名。

二、研究设计

（一）数据采集与抽样

1. 全国各省（区、市）财政局微博账号与国税局微博账号的确定与收集。

首先，本榜单财政局部分包含12个省（市、自治区）的官方新浪微博，所选取样本均通过新浪"蓝色V字"认证，分别是"@北京财政""@天津财税""@山西财政""@辽宁财政之声""@吉林省财政厅""@浙江财政""@安徽省财政厅""@山东财政""@四川财政""@贵州省财政厅""@陕西财政""@新疆维吾尔自治区财政厅"。而上海市财政局则采用了其官方认证的东方微博"@上海财税"作为样本。值得注意的是，由于各省财政局微博建构的滞后性，

本榜单所涵盖的样本数量较少。全国34个省级行政单位中，有河北、黑龙江、江苏、福建、江西、河南、湖北、湖南、广东、海南、四川、云南、甘肃、青海、内蒙古、广西、西藏、宁夏、香港、澳门、台湾不包含在内。

其次，本榜单国税局部分包括29个省（市、自治区）的官方新浪微博，所选取样本均通过新浪"蓝色Ｖ字"认证，分别是"@北京国税局""@天津国税""@河北省国家税务局""@山西国税12366""@内蒙古国税""@吉林省国税局""@黑龙江国税""@上海税务""@浙江国税""@安徽国税""@福建国税""@江西国税""@山东国税""@河南国税""@湖北国税""@湖南国税""@广东省国家税务局""@广西国税""@海南国税""@重庆国税""@四川国税""@贵州国税""@云南省国税局""@西藏自治区国家税务局""@陕西国税""@甘肃省国税局""@青海国税""@宁夏国税""@新疆国税"，而江苏省国家税务局则采用了其官方认证的腾讯微博"@江苏国税"作为样本。

收集结果显示，较之于财政局微博，国税局微博数量有着明显优势。全国34个省级行政单位中，仅有辽宁、香港、澳门、台湾不包含在内。

2. 微博博文抽样。为了对微博博文进行内容分析，本研究进行了随机抽样。研究以2016年1月1日至2016年12月31日为期限，对在此期间发送微博博文数小于60条的账号，进行逐条内容分析，抽样样本即为总体；对在此期间发送微博博文数量大于60条的账号，进行超额累进系统抽样，抽样系数和抽样数目见表1。

表1　微博博文超额累进抽样系数

样本微博数	抽样系数	抽样条数区间
0～60	—	0～60
60～120	1.2	50～100
120～240	2	60～120
240～360	4	60～90
360～480	5	72～96
480～600	6	80～100
600以上	6	100↑

（二）评价指标构建

本研究将研究对象划分为三大维度，进行指标构建，分别是内容指标、受众指标和互动指标。

内容指标针对各省（区、市）财政局与国税局官方新浪微博发送的博文而言，代表了其博文内容的总规模、日均发文规模、形式丰富性、博文原创性以及内容相关性。信息指标得分越高，表示该财政局（国税局）微博发送的博文数量越多、频率越高、呈现方式越多样、原创性和相关性越强。统计时，本研究设置了四大二级指标、十一大三级指标，并制作内容指标分排行榜。

受众指标针对各省（区、市）财政局（国税局）官方新浪微博的粉丝而言，代表了其账号的影响力。统计时，本研究以2016年12月31日为时间节点，设置粉丝总量指标，考核官方微博的运营成果，并制作受众指标分排行榜。

互动指标代表各省（区、市）财政局（国税局）通过新浪微博与网民互动的活跃程度，互动越频繁，互动指标得分越高。统计时，本研究设置了两大二级指标、四大三级指标，并制作互动指标分排行榜。

具体的指标体系见表2。

表2　　　各省（区、市）财政局（国税局）新浪微博评价

一级指标	二级指标	三级指标
内容指标	微博体量	微博总量
		年度日均发帖量
	形式丰富性	文章数量
		图片数量
		视频数量
	原创性	原创微博数量
	相关性	鸡汤杂谈数量
		公共政策数量
		税收政策数量
		税收答疑数量
		政务公开数量
受众指标	粉丝规模	粉丝总量
互动指标	粉丝回应	转发量
		评论量
		点赞量
	博主回应	博主回应量

三、总排行榜及各二级指标分榜

(一) 财政局微博部分

从总得分来看,各省份在财政新媒体运方面的表现远远不如国税。研究数据显示,东部三个省份财政局的官方微博挤进总排行榜前三甲。天津财税在微博总量、相关性和粉丝规模表现均较为突出,位列榜首;安徽财政局在互动环节表现不俗,位居次席;北京则凭借微博相关性和粉丝规模两方面表现抢眼,位列第三。表3为2016年度全国13个省(市)财政局官方微博总排行榜。

表3 各省(区、市)财政局官方微博总排行榜

序号	省份	地区	微博总量	年度日均	多样性	原创性	相关性	受众指标	互动指标	总得分
1	天津	东部	10.00	9.64	3.68	10.00	9.46	25.00	6.03	73.81
2	安徽	东部	2.00	2.06	3.16	9.73	9.27	5.05	25.00	56.28
3	北京	东部	3.31	2.22	2.12	8.60	9.00	16.94	5.45	47.65
4	山东	东部	6.45	10.00	10.00	2.00	2.00	10.48	5.01	45.94
5	新疆	西部	3.33	3.37	2.84	10.00	9.74	7.40	5.07	41.75
6	陕西	西部	2.51	2.33	5.17	9.02	8.31	7.07	6.37	40.78
7	四川	西部	2.09	2.01	2.10	10.00	10.00	8.08	5.31	39.59
8	吉林	东部	2.05	2.00	2.00	10.00	10.00	6.89	5.00	38.94
9	贵州	西部	2.23	2.94	2.00	10.00	9.25	7.04	5.00	38.46
10	山西	中部	2.22	2.07	2.04	10.00	10.00	5.00	5.03	36.37
11	上海	东部	3.07	2.70	2.28	9.52	7.81	5.00	5.00	35.38
12	浙江	东部	2.13	2.25	2.72	7.60	7.27	5.12	5.29	32.39
13	辽宁	东部	2.90	2.91	7.71	3.24	2.23	5.00	5.02	29.02

表4 各省(区、市)财政局官方微博内容指标排行榜(各项指标转化为百分制)

序号	省份	地区	微博总量	年度日均微博	多样性	原创性	相关性	内容指标总分
1	天津	东部	20.00	19.28	7.37	20.00	18.92	85.56
2	山东	东部	12.91	20.00	20.00	4.00	4.00	60.91

续表

序号	省份	地区	微博总量	年度日均微博	多样性	原创性	相关性	内容指标总分
3	新疆	西部	6.66	6.74	5.68	20.00	19.47	58.56
4	陕西	西部	5.03	4.66	10.34	18.04	16.62	54.68
5	吉林	东部	4.10	4.00	6.01	20.00	20.00	54.11
6	贵州	西部	4.46	5.88	4.00	20.00	18.50	52.84
7	山西	中部	4.44	4.14	4.08	20.00	20.00	52.66
8	安徽	东部	4.00	4.13	6.33	19.46	18.55	52.46
9	四川	西部	4.19	4.02	4.20	20.00	20.00	52.41
10	上海	东部	6.13	5.41	4.56	19.04	15.62	50.76
11	北京	东部	6.63	4.45	4.24	17.20	18.00	50.51
12	浙江	东部	4.27	4.50	5.44	15.19	14.54	43.95
13	辽宁	东部	5.80	5.83	15.43	6.48	4.47	38.01

表5 各省（区、市）财政局官方微博受众指标排行榜（各项指标转化为百分制）

序号	省份	地区	受众指标总分
1	天津	东部	100.00
2	北京	东部	67.77
3	山东	东部	41.93
4	四川	西部	32.32
5	新疆	西部	29.60
6	陕西	西部	28.28
7	贵州	西部	28.15
8	吉林	东部	27.55
9	浙江	东部	20.49
10	安徽	东部	20.19
11	山西	中部	20.01
12	上海	东部	20.01
13	辽宁	东部	20.00

表6　各省（区、市）财政局官方微博互动指标排行榜（各项指标转化为百分制）

序号	省份	地区	互动指标
1	安徽	东部	100.00
2	陕西	西部	25.48
3	天津	东部	24.10
4	北京	东部	21.80
5	四川	西部	21.24
6	浙江	东部	21.17
7	新疆	西部	20.29
8	山西	中部	20.14
9	辽宁	东部	20.06
10	山东	东部	20.03
11	吉林	东部	20.02
12	贵州	西部	20.02
13	上海	东部	20.00

（二）国税局微博部分

研究数据显示，东部地区的上海与河北国税局在微博总量、受众数量和互动环节表现均较为突出，占据排行榜前两位；西部地区的宁夏则凭借日均微博量与微博内容相关性上的抢眼表现，位列第三，而甘肃凭借微博总量与微博内容相关性上的优势，位列第五；中部地区的河南国税局在日均微博量与微博多样性两环节表现不俗，位居次席。表7为2016年度各省（区、市）国税局官方微博总排行榜。

表7　各省（区、市）国税局官方微博总排行榜

序号	省份	地区	微博总量	年度日均	多样性	原创性	相关性	受众指标	互动指标	总得分
1	上海	东部	10.00	8.95	8.07	9.60	7.32	8.97	25.00	77.92
2	河北	东部	4.45	10.00	10.00	2.48	8.57	25.00	5.23	65.74
3	宁夏	西部	4.18	9.34	6.16	7.02	9.72	5.00	5.06	46.48
4	河南	中部	5.09	9.73	9.64	6.58	2.00	7.68	5.69	46.40
5	甘肃	西部	3.59	7.42	3.00	10.00	7.24	5.02	6.86	43.12

续表

序号	省份	地区	微博总量	年度日均	多样性	原创性	相关性	受众指标	互动指标	总得分
6	江苏	东部	7.95	6.18	6.74	3.29	8.91	5.03	5.01	43.11
7	西藏	西部	3.97	7.92	7.82	2.30	9.46	5.04	5.00	41.49
8	天津	东部	4.10	6.28	6.40	4.05	9.72	5.02	5.11	40.68
9	四川	西部	4.04	6.56	6.76	2.77	9.44	5.06	5.28	39.91
10	安徽	中部	4.62	7.04	6.83	3.03	7.67	5.03	5.68	39.89
11	山西	中部	4.95	5.85	5.62	7.68	2.93	5.58	6.83	39.43
12	重庆	西部	2.89	5.93	6.36	7.56	6.31	5.01	5.30	39.36
13	湖北	中部	3.79	5.61	4.86	4.14	9.73	5.03	5.23	38.39
14	北京	东部	3.11	3.42	4.34	5.76	7.82	7.90	5.77	38.12
15	云南	西部	3.11	6.36	6.56	2.40	9.46	5.00	5.06	37.94
16	浙江	东部	2.81	4.42	4.41	4.60	9.43	5.34	5.32	36.33
17	广东	东部	2.98	5.07	5.08	2.47	9.46	5.02	5.42	35.50
18	内蒙古	西部	2.27	2.46	2.80	7.50	9.72	5.03	5.13	34.89
19	吉林	中部	2.90	5.25	2.17	3.63	9.44	5.00	5.23	33.63
20	湖南	中部	2.70	4.27	2.80	3.34	9.73	5.01	5.08	32.93
21	新疆	西部	3.25	4.69	4.63	2.00	8.31	5.00	5.03	32.92
22	海南	东部	2.74	3.52	3.11	4.72	8.66	5.00	5.08	32.83
23	黑龙江	中部	2.00	2.00	2.01	7.63	8.62	5.00	5.18	32.44
24	山东	东部	3.10	3.65	2.81	2.53	8.91	5.18	5.43	31.61
25	陕西	西部	2.40	2.59	2.62	6.33	5.33	5.54	6.16	30.97
26	贵州	西部	2.12	2.56	2.58	3.90	9.18	5.00	5.17	30.51
27	江西	中部	2.24	2.65	2.75	3.21	9.16	5.00	5.13	30.14
28	广西	西部	2.74	2.65	2.81	5.12	5.18	5.22	5.68	29.41
29	青海	西部	2.26	2.38	2.54	2.10	10.00	5.00	5.03	29.31
30	福建	东部	3.26	4.18	2.00	2.93	6.17	5.06	5.47	29.08

表8　各省（区、市）国税局官方微博内容指标排行榜（各项指标转化为百分制）

序号	省份	地区	微博总量 10分	年度日均微博 10分	多样性 10分	原创性 10分	相关性 10分	内容指标总分
1	上海	东部	20.00	17.89	16.15	19.20	14.65	87.89
2	宁夏	西部	8.35	18.67	12.32	14.04	19.45	72.84
3	河北	东部	8.91	20.00	20.00	4.97	17.14	71.02
4	江苏	东部	15.89	12.35	13.48	6.59	17.82	66.14
5	河南	中部	10.18	19.46	19.27	13.15	4.00	66.07
6	西藏	西部	7.94	15.83	15.63	4.60	18.91	62.91
7	甘肃	西部	7.18	14.83	6.01	20.00	14.47	62.49
8	天津	东部	8.20	12.56	12.80	8.11	19.44	61.10
9	四川	西部	8.08	13.13	13.52	5.54	18.88	59.14
10	安徽	中部	9.25	14.07	13.66	6.05	15.35	58.38
11	重庆	西部	5.78	11.86	12.73	15.13	12.63	58.12
12	湖北	中部	7.57	11.23	9.72	8.29	19.46	56.28
13	云南	西部	6.22	12.72	13.11	4.79	18.91	55.76
14	山西	中部	9.91	11.71	11.23	15.35	5.86	54.06
15	浙江	东部	5.62	8.84	8.82	9.20	18.86	51.34
16	广东	东部	5.96	10.14	10.16	4.93	18.91	50.11
17	内蒙古	西部	4.53	4.91	5.59	14.99	19.44	49.47
18	北京	东部	6.21	6.84	8.69	11.52	15.65	48.90
19	吉林	中部	5.80	10.51	4.34	7.27	18.88	46.79
20	新疆	西部	6.51	9.39	9.26	4.00	16.63	45.79
21	湖南	中部	5.40	8.54	5.60	6.68	19.46	45.69
22	海南	东部	5.48	7.03	6.22	9.44	17.32	45.50
23	黑龙江	中部	4.00	4.00	4.02	15.27	17.24	44.52
24	山东	东部	6.20	7.30	5.61	5.07	17.82	42.01
25	贵州	西部	4.23	5.12	5.16	7.81	18.37	40.69
26	江西	中部	4.49	5.29	5.49	6.41	18.31	40.01
27	青海	西部	4.51	4.77	5.08	4.20	20.00	38.56
28	陕西	西部	4.79	5.19	5.23	12.66	10.66	38.54
29	福建	东部	6.53	8.36	4.00	5.87	12.34	37.10
30	广西	西部	5.48	5.30	5.63	10.24	10.37	37.01

表9 各省（区、市）国税局官方微博受众指标排行榜（各项指标转化为百分制）

序号	省份	地区	受众指标总分
1	河北	东部	100.00
2	上海	东部	35.88
3	北京	东部	31.60
4	河南	中部	30.70
5	山西	中部	22.30
6	陕西	西部	22.15
7	浙江	东部	21.35
8	广西	西部	20.88
9	山东	东部	20.70
10	四川	西部	20.25
11	福建	东部	20.25
12	西藏	西部	20.14
13	江苏	东部	20.14
14	内蒙古	西部	20.12
15	湖北	中部	20.10
16	安徽	中部	20.10
17	天津	东部	20.08
18	广东	东部	20.08
19	甘肃	西部	20.07
20	重庆	西部	20.03
21	湖南	中部	20.02
22	江西	中部	20.02
23	海南	东部	20.02
24	吉林	中部	20.02
25	贵州	西部	20.01
26	宁夏	西部	20.01
27	青海	西部	20.00
28	新疆	西部	20.00
29	云南	西部	20.00
30	黑龙江	中部	20.00

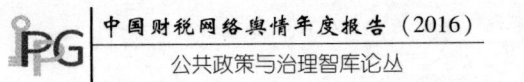

表10 各省（区、市）国税局官方微博互动指标排行榜（各项指标转化为百分制）

序号	省份	地区	互动指标总分
1	上海	东部	100.00
2	甘肃	西部	27.43
3	山西	中部	27.31
4	陕西	西部	24.65
5	北京	东部	23.07
6	河南	中部	22.76
7	广西	西部	22.73
8	安徽	中部	22.71
9	福建	东部	21.89
10	山东	东部	21.70
11	广东	东部	21.68
12	浙江	东部	21.26
13	重庆	西部	21.19
14	四川	西部	21.11
15	河北	东部	20.93
16	吉林	中部	20.93
17	湖北	中部	20.90
18	黑龙江	中部	20.72
19	贵州	西部	20.66
20	江西	中部	20.51
21	内蒙古	西部	20.50
22	天津	东部	20.42
23	湖南	中部	20.30
24	海南	东部	20.30
25	宁夏	西部	20.24
26	云南	西部	20.24
27	新疆	西部	20.12
28	青海	西部	20.12
29	江苏	东部	20.03
30	西藏	西部	20.00

2016 年度财政局与国税局官方微博排行榜显示，各省（区、市）财税官方微博整体运营水平不高且差异较大。无论是财政榜单还是国税榜单中，各省（区、市）财税官方微博运营状况评价数据体系下均只有两个省份及格，个别省（区、市）财税官方微博得分竟不足 30 分，可见"贫富"差距之悬殊。

受众指标与互动指标两方面上的缺陷成为了这些低分省（区、市）财税官方微博存在的主要问题。这两个指标上排名次位的省份得分往往不到排名榜首的省份的一半，多数省份的得分不及榜首的 1/3。这说明众多省（区、市）财税官方微博尽管在内容上花样百出，但难逃做表面功夫之嫌，亲民度也不够高，不利于平台推广、深入民众。

因此可以看出，除了上海市财政局官方微博、上海市国税地税联合官方微博、河北国税官方微博表现尚可之外，其余省份国税局、财政局虽然响应中央号召，建立官方微博作为政务政情的政策宣传和舆论引导渠道，但是整体效果并不理想。很多省份的微博平台并没有发挥应有的功能，政府和民众的无缝对接更是难以实现。榜单排名靠后的省份应积极向上海学习，借鉴上海运营管理官方微博的经验，让财税官微真正成为便民之窗。

（作者：郑　轩　洪　磊　刘长喜）

参 考 文 献

[1]《中国国土资源报》编辑部:《住宅建设用地续期应当有偿》,载《国土资源》2015年第7期。

[2] 白利倩:《12万元算高收入为何会惊呆吃瓜群众》,载《理财》2016年第12期。

[3] 白利倩:《年入12万元中含了多少税?》,载《理财》2016年第12期。

[4] 白彦锋、李思畅:《全面营改增的经济效应分析与前景展望》,载《公共财政研究》2016年第3期。

[5] 本刊编辑部:《12万元这个梗》,载《理财》2016年第12期。

[6] 蔡卫华:《住宅建设用地有偿续期问题探讨》,载《中国房地产》2015年第6期。

[7] 陈柳钦:《新能源汽车产业发展的政策支持》,载《全球科技经济瞭望》2010年第5期。

[8] 崔丽媛:《顶层设计:新能源汽车的一大助力》,载《交通建设与管理》2015年第9期。

[9] 崔志坤:《个人所得税改革的国际趋势、典型实践及对中国的启示》,载《税收经济研究》2012年第5期。

[10] 邓尤全:《科研项目资金管理探讨》,载《财经界(学术版)》2016年第10期。

[11] 丁祖昱:《"房贷利息"抵扣个税还得再等等》,载《沪港经济》2016年第1期。

[12] 董巍、孙慧:《论建设用地使用权相关问题——兼评〈物权法〉第149条》,载《金卡工程》2010年第6期。

[13] 董雯:《给政府财政透明"打分"》,载《浙江人大》2015年第1期。

[14] 杜文翠:《浅析房贷利息抵扣个人所得税》,载《新西部(理论版)》2016年第19期。

[15] 杜小峥:《"互联网+"视阈下的政务新媒体》,载《科技创业月刊》2016年第15期。

[16] 樊璇:《融合新媒体开创新天地——关于新媒体运营的几点思考》,载

《中国广播》2008年第12期。

[17] 方演：《浅谈全面营改增政策对各行业税负的影响》，载《科技经济导刊》2016年第30期。

[18] 房正南：《网络突发事件政府应急管理研究》，载《中国海洋大学》2013年。

[19] 冯丽华：《关于网络舆论失真的思考》，载《海南广播电视大学学报》2014年第1期。

[20] 关怀庆：《我国跨境电商的发展现状趋势及对策研究》，载《电子商务》2016年第1期。

[21] 何云堂、李姜一欣、武小东：《政策给力标准助力共同推动电动汽车发展》，载《大众标准化》2015年第11期。

[22] 洪巧妮：《横向科研经费的管理与监督研究》，载《财会学习》2016年第17期。

[23] 胡鞍钢：《加强对高收入者个人所得税征收调节居民贫富收入差距》，载《财政研究》2002年第10期。

[24] 胡世锋：《住宅建设用地使用权有偿续期及其困境破解——兼评〈物权法〉第一百四十九条"自动续期"的规定》，载《中国房地产：学术版》2015年第2期。

[25] 黄婷婷：《深入解析海淘税改》，载《住宅与房地产》2016年第15期。

[26] 黄志勇、杨鹏：《中国跨境（边境）经济合作面临问题及对策建议》，载《东南亚纵横》2013年第9期。

[27] 江雪：《房贷利息抵税是"劫贫济富"》，载《理财》2016年第6期。

[28] 蒋洪、刘小兵：《中国省级财政透明度评估》，载《上海财经大学学报（哲学社会科学版）》2009年第2期。

[29] 蒋镇叶：《论财政信息公开的理论与实践》，载《中共浙江省委党校学报》2010年第5期。

[30] 孔垂颖、王今、门峰等：《新常态下我国新能源汽车产业发展趋势与政策展望》，载《汽车零部件》2015年第10期。

[31] 冷淦潇：《关于建立个税家庭联合申报制度的思考》，载《山东经济战略研究》2016年第4期。

[32] 李嘉陵：《细分受众需求，打造差异化产品——新京报的新媒体运营经验》，载《青年记者》2012年第10期。

[33] 李千驹：《微新闻的标题制作策略——全国团组织微信公众号综合影响力排行榜标题分析》，载《传媒》2016年第16期。

[34] 李锐、崔海波：《全面营改增后行业税负只减不增吗》，载《税收征

纳》2016年第10期。

[35] 李晓慧、贺德方、彭洁：《中国发展新能源汽车形势分析与政策建议》，载《全球科技经济瞭望》2015年第8期。

[36] 李衍军、敬智江：《强化中央科研项目资金监管的思路探讨》，载《财政监督》2016年第20期。

[37] 李影、牛毅：《财政透明度对腐败影响效应分析》，载《地方财政研究》2014年第11期。

[38] 李影：《财政透明度的研究评述》，载《价值工程》2012年第20期。

[39] 李宇嘉：《还原"房贷利息抵个税"的本来面目》，载《市场前沿》2016年第1期。

[40] 梁城城：《新预算法有助于提高财政透明度吗？——基于新旧预算法的对比研究》，载《石家庄经济学院学报》2015年第2期。

[41] 刘尚希、应亚珍：《个人所得税：如何发挥调节功能》，载《税务研究》2004年第3期。

[42] 刘小川、汪冲：《个人所得税公平功能的实证分析》，载《税务研究》2008年第1期。

[43] 刘长喜、侯劭勋等著：《从"一边倒"到"渐思考"——2014年度医疗卫生行业网络舆情研究报告》，华夏出版社2015年第1期。

[44] 卢秀霞：《审计视角下高校科研经费管理及优化措施》，载《财会学习》2016年第12期。

[45] 陆昀：《国土使用权有新规》，载《政策瞭望》2003年第8期。

[46] 罗鸣令、马克和、侯伟：《遗产税存与废：理论争议、制度实践及启示》，载《财政研究》2012年第12期。

[47] 罗祥轩、安仲文、徐国荣：《对我国个人所得税调节功能的思考》，载《税务研究》2006年第8期。

[48] 吕妍、李淑杰：《住宅建设用地使用权期满续期问题的思考》，载《国土资源科技管理》2010年第2期。

[49] 马光远：《12万年薪加税"谣言"揭示了中国个税的真相》，载《中国外资》2016年第21期。

[50] 倪婷婷、王跃堂：《投资者认可增值税改革吗——基于全面增值税转型和"营改增"的经验证据》，载《上海财经大学学报》2016年第6期。

[51] 彭斐：《新能源汽车：期待走出"温室"》，载《汽车与配件》2015年第6期。

[52] 上海财经大学公共政策研究中心著：《中国财政透明度报告》上海财经大学出版社2016年版。

[53] 上海社会科学院经济研究所课题组、石良平、汤蕴懿：《中国跨境电子商务发展及政府监管问题研究——以小额跨境网购为例》，载《上海经济研究》2014年第9期。

[54] 时国珍、原碧霞：《突发事件网上演变规律与舆论引导》，载《中国记者》2010年第5期。

[55] 宋炳华：《住宅建设用地使用权续期之法理分析及完善路径》，载《国土资源情报》2011年第8期。

[56] 孙蕾、王芳：《中国跨境电子商务发展现状及对策》，载《中国流通经济》2015年第3期。

[57] 孙文基：《公共治理和政治民主：我国政府预算透明问题研究》，载《财经问题研究》2013年第8期。

[58] 万清芳：《浅析全面营改增后结构性减税可行性及行业改革对策》，载《会计师》2015年第15期。

[59] 王菲：《科研资金管理松绑》，载《纺织科学研究》2016年第9期。

[60] 王海蕴：《受制技术瓶颈新能源汽车多路径探索》，载《财经界》2015年第13期。

[61] 王红茹：《"年入12万算高收入"被辟谣哪些人算是"中产阶层"？》，载《中国经济周刊》2016年第44期。

[62] 王爽、孙凌峰：《高校科研经费间接费用管理研究》，载《常州大学学报（社会科学版）》2015年第3期。

[63] 王外连、王明宇、刘淑贞：《中国跨境电子商务的现状分析及建议》，载《电子商务》2013年第9期。

[64] 王亚芬、肖晓飞、高铁梅：《我国收入分配差距及个人所得税调节作用的实证分析》，载《财贸经济》2007年第4期。

[65] 魏冬：《谁的年收入达到了12万元？》，载《理财》2016年第12期。

[66] 魏琳娜、胡玲丽：《关于我国开征遗产税若干问题的思考》，载《江西社会科学》2007年第8期。

[67] 温娇秀、郑春荣、曾军平：《中国财政透明度评估（2013）》，载《上海财经大学学报（哲学社会科学版）》2013年第3期。

[68] 温娇秀：《中国省级财政透明度：变化趋势与提升路径——基于2009 - 2013年省级政府财政透明度的调查和评估》，载《上海财经大学学报（哲学社会科学版）》2015年第5期。

[69] 夏文蓉：《论舆论传播与引导机制》，载《江苏社会科学》1999年第1期。

[70] 谢如佳：《深化个人所得税改革促进小康社会同步发展》，载《管理学家》2014年第10期。

[71] 徐卫：《规避遗产税的信托行为：否定抑或宽容——写在未来遗产税开征之前》，载《上海财经大学学报》2013年第2期。

[72] 杨丹芳、吕凯波、曾军平：《中国财政透明度评估（2015）》，载《上海财经大学学报（哲学社会科学版）》2015年第5期。

[73] 杨帆：《财政透明度视角下的政府部门内部控制建设研究》，载《商业会计》2014年第13期。

[74] 杨振华、郭怡君：《中国跨境电商出口贸易现状及发展趋势展望》，载《商业经济研究》2015年第30期。

[75] 叶檀：《征收遗产税是大势所趋》，载《光彩》2013年第11期。

[76] 叶铁桥、王慧冬：《微信公号排行榜的现状与思考》，载《网络传播》2015年第2期。

[77] 殷俊、姜胜洪：《政务新媒体发展现状及对策探析》，载《新闻界》2015年第5期。

[78] 尹春燕：《住宅建设用地使用权制度浅析》，载《法制与社会》2012年第5期。

[79] 尹慧：《对科研单位科研经费管理改革的研究》，载《会计师》2016年第4期。

[80] 余丰慧：《房贷利息抵扣个税将引发房地产"核聚变"》，载《金融经济》2016年第1期。

[81] 臧超：《新媒体时代政务微信订阅号运营与管理解决方案研究》，载《科技资讯》2015年第35期。

[82] 詹新惠：《善用新媒体运营之道》，载《新闻与写作》2011年第6期。

[83] 詹亿：《"12万以上高收入群体加税"谣言背后的民意》，载《公民导刊》2016年第11期。

[84] 张妙玲：《论突发事件背景下的网络舆论引导》，载《海南广播电视大学学报》2010年第3期。

[85] 张平：《我国财政透明度的现状及其国际比较研究》，载《财经理论与实践》2010年第5期。

[86] 张清立：《关于我国开征遗产税的思考》，载《当代经济研究》2014年第4期。

[87] 张宪辉、孙国娇：《媒体"标题党"的社会危害不容小觑——以青年大学生受众为视角》，载《新闻战线》2007年第1期。

[88] 张晓冰：《科研经费腐败的社会网络分析》，载《自然辩证法研究》2016年第10期。

[89] 张雅杰、梁传丹、刘洋：《分层建设用地使用权设立研究》，载《国土

资源科技管理》2009 年第 5 期。

［90］张熠、卞世博：《遗产税、民生财政与中国经济结构转型》，载《财经研究》2015 年第 1 期。

［91］张正宇：《个税改革新方向》，载《宁波经济（财经观点）》2013 年第 10 期。

［92］招青：《中国跨境电商市场面临的问题及建议》，载《明日风尚》2016 年第 9 期。

［93］赵奉军：《房贷利息抵扣个税的效应不应被高估》，载《中国房地产：综合版》2016 年第 1 期。

［94］赵文凯：《财政透明度的国际分析及其对中国的启示》，载《中国商贸》2015 年第 1 期。

［95］朱建华：《微信公众号排行榜，出路何在?》，载《传媒评论》2015 年第 1 期。

［96］朱文杰、张合兵、孙江锋：《住宅用地土地使用权期满续期问题研究》，载《经济研究导刊》2014 年第 18 期。

［97］朱晓波：《政务新媒体运营手段之探讨》，载《新闻研究导刊》2016 年第 6 期。

［98］庄天宝：《浅谈全面"营改增"改革过程中存在的问题及解决办法》，载《中国市场》2016 年第 40 期。

［99］邹良：《"营改增"政策落实中存在的问题及对策》，载《审计与理财》2016 年第 8 期。

［100］左少君：《财政补贴基本类型及其效应的模型分析》，载《财政监督》2010 年第 23 期。

后　　记

本杰明·富兰克林曾经说过一句名言："在这个世界上，只有死亡和税是逃不掉的"。美国历届总统大选时，辩论最为集中的话题就是税收。财税对一个国家的重要性是不言而喻的，因此在许多国家都成为民众关心的话题。

由于原来我国实行间接税为主的税收体制，导致民众对财税的关注相对较弱。我曾经在大学生课堂上问："请问你们是纳税人吗？"八成以上的大学生一脸雾水说："老师，我们还没有收入，我们不是纳税人。"只有少部分同学知道只要消费了就已经纳税了。随着我国财税领域的改革不断推进，民众对财税的关注愈来愈高。研究民众对财税议题的态度、观点和立场对完善财税体制改革至关重要。

2017年1月22日，中国互联网络信息中心（CNNIC）在国家网信办新闻发布厅发布了第39次《中国互联网络发展状况统计报告》，报告显示：截至2016年12月，我国网民规模达7.31亿，全年共计新增网民4 299万人，增长率为6.2%，我国互联网普及率达到53.2%。[①] 在中国大踏步进入互联网时代，越来越多的民众通过互联网平台表达。

本书就是对财税网络舆情进行研究的成果。近年来，网民对财税的关注度也越来越高。就2016年来看，增值税改革、个税改革、个税抵扣房贷、房产税、新能源汽车骗补、科研资金管理等问题成为网民热议的焦点。相对于医疗网络舆情，财税网络舆情虽然没有形成较大的雨晴危机事件，但是其热度和烈度都在短时间内迅速攀升。纵观2016年我国财税网络舆情，有这样几个特点：第一，基于利益的表达。当下网民对财税关注都是基于利益的关注，主要关注那些直接影响个人利益的财税议题。这种关注还没有上升到政治的高度。第二，基于阶层分化的表达较多。通过大数据发现，对财税相关议题的表达并不是向医疗事件那样，大部分是跨越阶层的表达，而是介于阶层的表达。如个税改革，大部分网民都是中产阶层，农民工身份的网民表达较少。第三，各省（区、市）的财税主管部分运用新媒体引导和应对舆情的能力需要大幅度提升。除港澳台外，全国31各省（区、市）的财政局仅有12个运营了官方微博。值得一提的是，国税和地

[①] 中国互联网络信息中心：《中国互联网络发展状况统计报告》，http：//cnnic.cn/hlwfzyj/hlwxzbg/hlwtjbg/201701/P020170123364672657408.pdf，采集日期：2017年2月19日。

税部门运用新媒体的能力大大超过财政部门。

《中国财税网络舆情（季刊）》于2016年7月创刊，内部发行第1期。后来相继出版2期。本书是在此基础上的结集而成。本研究得到了上海财经大学公共政策与治理研究院的资助和支持。特别感谢上海财经大学公共政策与治理研究院院长胡怡建教授，胡教授是财税领域的著名专家，从整个研究创意到研究报告的审阅和指导，都提供了大量的支持和帮助。感谢上海财经大学公共政策与治理研究院副院长杨翠迎教授的指导和帮助。感谢上海财经大学科研处副处长郑春荣教授，本研究最早是在郑教授时任研究院副院长期间联络、谋划而成的。感谢上海财经大学公共政策与治理研究院的其他专家提供的大力支持和指导。感谢上海财经大学公共政策与治理研究院办公室的潘洁老师，对《中国财税网络舆情（季刊）》的排版编辑做出的贡献。

感谢我们这个研究团队的成员：洪磊、郑轩、张留克、范丹阳、黎力菁。这是一个年轻充满朝气的团队，每一篇报告都经过数次讨论和数遍修改，他们精益求精的精神令我感动。寒假期间还放弃休假机会闭关修改。在这个团队中，每一个人都得到锻炼和成长。

最后感谢家人对我们这个研究的感情支持，在《中国财税网络舆情（季刊）》2016年第3期出刊和书稿修改期间，我的女儿刘尚晴出生了。一边做奶爸，一边指导研究。很多时候还是加班加点，没有尽好为人父的责任。

我们可以肯定地判断，未来财税议题会逐渐成为我国网民热议的核心议题。对财税网络舆情的研究才刚刚起步，任重而道远。

刘长喜

2017年7月15日于同新楼